巻頭文

敵はどこに?

谷川俊太郎

戦うのは苦手です。子どものころから取っ組み合いの喧嘩というのをしたことがありません。小学四年生だったかなあ、理由は忘れましたが教室で同級生と口喧嘩になって、相手の子が私に校庭に出ろと言い出したことがありました。私は頑《がん》として出ませんでした。相手は口ではかなわないけれど、腕力なら勝てると思ったのでしょう、私はチビでしたから。

腕力で勝負しなかったことを、私は恥ずかしいとは思わなかったのですが、担任の先生が「君が校庭に出なかったのは残念だ」と言ったのを覚えています。そのときは反発しましたが、大人になってから思い出して、いい先生だったなと思いました。でももし女の先生だったら、そう言ったでしょうか、女と男では何とたたかうか、どうたたかうかが社会のありかたによって、またその人の生まれながらの気質によって、微妙に違ってくるのではないかと思います。たたかう、あらそう、てむかう、きそう、詩を書く上では使うこともある言葉ですが、この種の言葉が表現する人間を敵味方に分け、優劣を決める行動は、私は正直言って苦手です。だいたい勝ち負けで人を評価する、あるいは何かを決めるのが納得出来ないので、スポーツもあまり興味が湧きませんし、ゲームにも手を出したことがありません。ましてや人の命がかかる戦争ということになると、私は敵を殺すくらいなら、自分が殺される方がいいと考えてしまいます。

でもそういう自分の態度、考えにはずっと疑問を抱いていますし、気づかないところで私も誰かと、何かとたたかって生きてきたのだと思いますが、詩をたたかいの手段にしたり、詩で人を敵味方に分けたりするのは、詩の役目ではないという考えは変わりません。

昔と違ってたたかう相手が何なのか、どこにいるのかよく分からないというのが今の世の中だと思います。茨木のり子は今から半世紀以上前に〈私は探しているの　私の敵を〉と書きました。目に見える敵ならたたかいかたも分かる、でも目に見えない敵、自分自身の内部にひそんでいる敵とはどうたたかっていけばいいのか、もしかするとグローバルな情報には現れてこない敵を、極めて個人的な詩が教えてくれるかもしれません。

大人になるまでに読みたい

15歳の詩 ⑤

たたかう

【目次】

この道を進め　

戦争がありました、あります　185

表記について

＊収録した作品については漢字は新字で表記しました。／＊仮名づかいについては、その作者の全集および作品集を参考にしました。旧仮名づかいの場合はそのままとしました。同じ語の繰り返しを示す「ゝ」「〱」などの踊り字は、改めました。／＊ふりがなは、底本としたテキストに付けられているものは、そのままとしました。読み方が難しいと思われる語には（　）としてふりがなを付けました。／＊作品の一部に、現在から見て人権にかかわる不適切と思われる表現・語句が含まれていますが、作者の意図はそれら差別を助長することにはないこと、そして執筆時の時代背景と、文学的価値を鑑み、原文を尊重しそのままとしました。

（編集部）

私と私のこころ

一本のガランス

村山槐多

ためらふな、恥ぢるな
まつすぐにゆけ
汝のガランス*のチユーブをとつて
汝のパレツトに直角に突き出し
まつすぐにしぼれ
そのガランスをまつすぐに塗れ
生《き》のみに活々と塗れ
一本のガランスをつくせよ
空もガランスに塗れ
木もガランスに描け
草もガランスにかけ

＊村山槐多（むらやま・かいた）　一八九六（明治29）年、愛知県額田郡岡崎町（現・岡崎市）生まれ。中学二年生頃から文芸に親しみ、ボードレールやランボーなどを読みふけった。また、従兄である画家の山本鼎の影響で幼い頃から絵画に触れ、中学時代には校内で個展を開催。卒業後は日本美術院に入る。水彩画『庭園の少女』、『カンナと少女』が院展に入選し、注目を浴びる。その後も数々の受賞を果たしたが、一九一九（大正8）年、スペイン風邪のため22歳で急逝。

＊ガランス　あかね色。

魔羅《まら》＊をもガランスにて描き奉れ
神をもガランスにて描き奉れ
ためらふな、恥ぢるな
まつすぐにゆけ
汝の貧乏を
一本のガランスにて塗りかくせ。

――十二月四日

＊魔羅　男性器のこと。

前へ

大木 実

少年の日読んだ「家なき子」の物語の結びは、こういう言葉で終って
　いる。
——前へ。
僕はこの言葉が好きだ。

物語は終っても、僕らの人生は終らない。
僕らの人生の不幸は終りがない。
希望を失わず、つねに前へ進んでいく、物語のなかの少年ルミよ。
僕はあの健気なルミが好きだ。

辛いこと、厭なこと、哀しいことに、出会うたび、

＊大木 実（おおき・みのる）
一九一三（大正２）年、東京市本所区（現・東京都墨田区）生まれ。電機学校（現・東京電機大学）中退。『四季』同人。詩集に、『場末の子』（一九三九〈昭和14〉年）、『屋根』（一九四一〈昭和16〉年）など。一九九二（平成４）年には『柴の折戸』で現代詩人賞を受賞。一九九六（平成８年）、82歳で死去。

僕は弱い自分を励ます。

——前へ。

少年時

中原中也

黝《あをぐろ》い石に夏の日が照りつけ、
庭の地面が、朱色に睡つてゐた。

地平の果に蒸気が立つて、
世の亡ぶ、兆《きざし》のやうだつた。

麦田には風が低く打ち、
おぼろで、灰色だつた。

翔《と》びゆく雲の落とす影のやうに、
田の面《も》を過ぎる、昔の巨人の姿——

＊中原中也（なかはら・ちゅうや）
一九〇七（明治40）年、山口県山口市生まれ。一九二三（大正12）年、京都に移る。ダダイズムに傾倒。一九二五（大正14）年、上京。小林秀雄らと交わる。のちに『ランボオ詩集』を翻訳するなど、フランス詩に影響を受ける。一九三四（昭和9）年、詩集『山羊の歌』刊行。一九三七（昭和12）年、30歳で死去。一九三八（昭和13）年、詩集『在りし日の歌』が、小林秀雄らによって出版される。

夏の日の午過《ひるす》ぎ時刻
誰彼の午睡《ひるね》するとき、
私は野原を走つて行つた……

私は希望を 唇《くちびる》に嚙みつぶして
私はギロギロする目で諦めてゐた……
噫《ああ》、生きてゐた、私は生きてゐた！

夏そして私

高橋真彩

夏休み開始のベルが鳴る
私は最高の解放感で走り出す

スマイル全開かき氷をほお張る私に
山積みの宿題と部活地獄が宣戦布告
かかってきなさいっ
母いつまでもつのか興味津々

折り返し地点で私をまちうけていたのは
方程式と文法の愛想曲
そして北京オリンピック
がんばれ日本

＊二〇〇八（平成20）年、中学生を対象とした、第49回晩翠あおば賞受賞作品。「こだま」第54号に掲載。

ふんばれ私

まあ大きくなってえ十五年は早いわあ
お盆によく聞く言葉
十五歳とは
将来を考える年
思春期
私用語辞典より抜粋
おばあちゃんどうしよう
ふと
満点の星空にきいてみた
今を生きる
今を楽しむ
今を頑張る
そうすれば道は開く

そう言っているようだった
心のコンパスはどこを向いている

さあ
航海は始まったばかり
どんな未来がまっているのか
待て
しかして期待せよ
星になったおばあちゃんに
つぶやいた

詩

高橋順子

詩なんて書かなくてもいい
と思うとそれが
小魚の骨のように喉にひっかかっている　と思うと
わたしのほうが骨であって　どこか
やわらかい喉に全身でひっかかっているように思えてくる
どこかの地球のやわらかいのどを
腫らしているのではないかと

＊高橋順子（たかはし・じゅんこ）一九四四（昭和19）年、千葉県海上郡飯岡町（現・旭市）生まれ。東京大学文学部フランス文学科卒。出版社に勤務しながら、一九七七（昭和52）年に第一詩集『海まで』を刊行。一九八六（昭和61）年、詩集『花まいらせず』で現代詩女流賞を受賞。一九九三（平成5）年、小説家・車谷長吉と結婚。主な著作に、詩集『幸福な葉っぱ』（一九九〇〈平成2〉年、現代詩花椿賞）、『時の雨』（一九九六〈平成8〉年、読売文学賞）、『貧乏な椅子』（二〇〇〇〈平成12〉年）、『海へ』（二〇一四〈平成26〉年、歴程賞、三好達治賞）など。

倚りかからず

茨木のり子

もはや
できあいの思想には倚《よ》りかかりたくない
もはや
できあいの宗教には倚りかかりたくない
もはや
できあいの学問には倚りかかりたくない
もはや
いかなる権威にも倚りかかりたくはない
ながく生きて
心底学んだのはそれぐらい
じぶんの耳目

＊茨木のり子（いばらぎ・のりこ）一九二六（大正15）年、大阪市東淀川区（現・淀川区）生まれ。帝国女子医学・薬学・理学専門学校（現・東邦大学薬学部）卒。一九四六（昭和21）年、戯曲「とほつみおやたち」が読売新聞戯曲第一回募集で佳作に選ばれる。その後詩に転じ、一九五三（昭和28）年、川崎洋と『櫂』を創刊。一九五五（昭和30）年、第一詩集『対話』を刊行。以後『見えない配達夫』（一九五八〈昭和33〉年）、『自分の感受性くらい』（一九七七〈昭和51〉年）などの詩集のほか、詩論、エッセイ集など多数の著作を発表する。一九九〇（平成2）

じぶんの二本足のみで立っていて
なに不都合のことやある

倚りかかるとすれば
それは
椅子の背もたれだけ

年には翻訳詩集『韓国現代詩選』で読売文学賞を受賞。二〇〇六（平成18）年、79歳で死去。

賭け

黒田三郎

五百万円の持参金付の女房を貰ったとて
貧乏人の僕がどうなるものか
ピアノを買ってお酒を飲んで
カーテンの陰で接吻して
それだけのことではないか
美しく聡明で貞淑な奥さんを貰ったとて
飲んだくれの僕がどうなるものか
新しいシルクハットのようにそいつを手に持って
持てあます
それだけのことではないか

＊黒田三郎（くろだ・さぶろう）
一九一九（大正8）年、広島県呉市生まれ。旧制高等学校に在学した頃から、欧米文学に関心を覚え、北園克衛主宰の雑誌『ＶＯＵ』に寄稿。東京帝国大学経済学部に入る。戦中は、ジャワ島などで工場の管理をつとめる。帰国後、記者としてＮＨＫに就職。一九四七（昭和22）年、田村隆一、鮎川信夫らと詩誌『荒地』を創刊。一九五四（昭和29）年に刊行した第一詩集『ひとりの女に』でＨ氏賞を受賞。一九八〇（昭和55）年、60歳で死去。

ああ
そのとき
この世がしんとしずかになったのだった
その白いビルディングの二階で
僕は見たのである
馬鹿さ加減が
丁度僕と同じ位で
貧乏でお天気屋で
強情で
胸のボタンにはヤコブセンのバラ
ふたつの眼には不信心な悲しみ
ブドウの種を吐き出すように
毒舌を吐き散らす
唇の両側に深いえくぼ

僕は見たのである
ひとりの少女を

一世一代の勝負をするために
僕はそこで何を賭ければよかったのか
ポケットをひっくりかえし
持参金付の縁談や
詩人の月桂冠や未払の勘定書
ちぎれたボタン
ありとあらゆるものを
つまみ出して
さて
財布をさかさにふったって
賭けるものが何もないのである

僕は
僕の破滅を賭けた
僕の破滅を
この世がしんとしずまりかえっているなかで
僕は初心な賭博者のように
閉じていた眼をひらいたのである

自分の感受性くらい

茨木のり子

ぱさぱさに乾いてゆく心を
ひとのせいにはするな
みずから水やりを怠っておいて

気難かしくなってきたのを
友人のせいにはするな
しなやかさを失ったのはどちらなのか

苛立つのを
近親のせいにはするな
なにもかも下手だったのはわたくし

＊茨木のり子（いばらぎ・のりこ）
前出（↓17ページ）

初心消えかかるのを
暮しのせいにはするな
そもそもが　ひよわな志にすぎなかった

駄目なことの一切を
時代のせいにはするな
わずかに光る尊厳の放棄

自分の感受性くらい
自分で守れ
ばかものよ

敵

シャルル・ボードレール（栗津則雄・訳）

おれの青春は、暗い嵐にすぎなかった、
ただそこここに、きらめく陽が貫き差した、
たけり立つ雷と雨のために、無残に荒れて、
今、庭に残るものは、数もない朱い木の実。

はやおれの至りついた、思想の秋、
水に浸ったこの土地をまた再び耕すには、
手に鋤鍬《すきくわ》をとらねばならぬ、
ここ、水はえぐる、墓穴に似た巨大な穴。

誰が知ろう、おれの夢見る新しい花々が、

＊シャルル・ボードレール
(Charles-Pierre Baudelaire)
一八二一年、フランス・パリに生まれる。リヨンのルイ・ル・グラン高校を経て、パリ大学の法学部に入るが、文学に没頭し、成人の頃までに『悪の華』に収録される多くの詩を書く。美術・文芸批評家として活躍し、また米国作家エドガー・アラン・ポーの作品を数多く翻訳し紹介した。一八五七年、詩集『悪の華』を出版し、新時代の詩人として認められる。一八六七年、46歳で死去。没後、一八六九年に散文詩集『パリの憂鬱』が刊行される。

砂浜さながらに洗われたこの土のなかに、
やがて彼らの生気となる神秘な糧を見出すかどうか？

――苦悩よ！　おお苦悩よ！　時は生を食らう、
おれたちの心臓を蝕むこの人知れぬ敵は、
おれたちの失なう血で肥えふとり、力をうる！

炎のうた

大岡 信

わたしに触れると
ひとは恐怖の叫びをあげる
でもわたしは知らない
自分が熱いのか冷たいのかを
わたしは片時も同じ位置にとどまらず
一瞬前のわたしはもう存在しないからだ
わたしは燃えることによってつねに立ち去る

わたしは闇と敵対するが
わたしが帰っていくところは
闇のなかにしかない

＊大岡 信（おおおか・まこと）
一九三一（昭和６）年、静岡県三島市生まれ。東京大学国文科卒。同年読売新聞社入社、外報部に配属される。一九六三（昭和38）年、読売新聞社退社。一九五五（昭和30）年、評論集『現代試論』、翌年に第一詩集『記憶と現在』を刊行。詩集に『悲歌と祝禱』（一九七六〈昭和51〉年）、『春 少女に』（一九七八〈昭和53〉年、無限賞）、『水府』（一九八一〈昭和56〉年）、『ぬばたまの夜、天の掃除器せまってくる』（一九八七〈昭和62〉年）、『地上楽園の午後』（一九九二〈平成４〉年、詩歌文学館賞）、『故郷の水へのメッ

人間がわたしを恐れるのは
わたしがわたしの知らない理由によって
木や紙やひとの肉体に好んで近づき
身をすりよせて愛撫し呑みつくし
わたし自身もまた
それらの灰の上で亡びさる
無欲さに徹しているからだ
わたしに触れたひとがあげる叫びは
わたしが人間にいだいている友情が
いかに彼らの驚きのまとであるかを
教えてくれる

セージ』（一九八九〈平成元〉年、現代詩花椿賞）など。評論・評伝も多数で、『紀貫之』（一九七一〈昭和46〉年、読売文学賞）、『詩人・菅原道真　うつしの美学』（一九八九〈平成元〉年、芸術選奨文部大臣賞）などがある。一九七九（昭和54）年より二〇〇八（平成20）年まで朝日新聞紙上に毎朝『折々のうた』を連載。その他パリのコレージュ・ド・フランスでの五回の講義『日本の詩歌　その骨組みと素肌』や、『ヴァンゼー連詩』など。国内外での連詩の試みや講演など。活動は多岐にわたる。二〇一七（平成29）年四月、86歳で死去。

少年

清水哲男

火に向わせるもの。私を酒に連れて行くもの。
そして花に、永遠の若い時間の前に、私をひ
きすえるもの。

私は十二歳。赤い眼鏡をかけている。もう会
うこともない若い両親は、小皿にしきつめた
部屋で眠っている。どんな希望のために私は
働くのだろうか。陰湿な流れ星。人間は十二
を越したらもう駄目さ。

歯の間の嵐。水の外套。私は涙のように時間

＊清水哲男（しみず・てつお）
一九三八（昭和13）年、東京都生まれ。京都大学文学部哲学科卒。詩誌『ノッポとチビ』に参加。卒業後は河出書房などに編集者として勤務。一九六三（昭和38）年、第一詩集『喝采』を刊行。詩集に『水甕座の水』（一九七四〈昭和49〉年、H氏賞）、『東京』（一九八五〈昭和60〉年、詩歌文学館賞）、『夕陽に赤い帆』（一九九四〈平成6〉年、萩原朔太郎賞、晩翠賞）、『黄燐と投げ縄』（二〇〇五〈平成17〉年、三好達治賞、山本健吉文学賞）など。ラジオのパーソナリティとしても活躍。

を区切る。歩いている姿がいちばん醜いと信じている精神よ。ざあっと外套をぬぎすてて、私は流れるにまかせた影の退路を拓く。

鏡よりも少し小さな私の頭。のぞきこむと、光には深さもないし、壁もないことが判る。肖像の背後で鳴っている音。いったい私には何が美しいのだろう。放っておいてくれ。世界中の水溜りにうつっている花々が、すでに汚れて私の中にあることがどんなことであるのか。私は説明するために考えてみたい。

秋の悲歎

富永太郎

私は透明な秋の薄暮の中に墜ちる。戦慄は去つた。道路のあらゆる直線が甦る。あれらのこんもりとした貪婪《どんらん》な樹々さへも闇を招いてはゐない。

私はただ微かに煙を挙げる私のパイプによつてのみ生きる。あのほつそりした白陶土製のかの女の頸《くび》に、私は千の静かな接吻をも惜しみはしない。今はあの銅《あかがねいろ》色の空を蓋ふ公孫樹《いてふ》の葉の、光沢のない非道な存在をも赦《ゆる》さう。オールドローズのおかつぱさんは埃《ほこり》も立てずに土塀に沿つて行くのだが、もうそんな後姿も要《い》りはしない。風よ、街上に光るあの白痰を掻き乱してくれるな。

私は炊煙の立ち騰《のぼ》る都会を夢みはしない――土瀝青《チヤン》色の疲れた空に炊煙の立ち騰る都会などを。今年はみんな松茸を食つたかしら、私は

＊富永太郎（とみなが・たろう）
一九〇一（明治34）年、東京市本郷区（現・文京区）生まれ。旧制第二高等学校時代にフランス文学へ関心を寄せるようになり、東京外国語大学仏語科に入学。友人を訪ねて京都に滞在した際に中原中也を知る。一九二四（大正13）年、府立第一中学校の後輩だった小林秀雄のすすめにより同人雑誌『山繭』に参加して作品を発表。一九二五（大正14）年、24歳で死去。死後、友人らにより『富永太郎詩集』が出版された。ボードレールの翻訳のほか、絵画作品も知られている。

知らない。多分柿ぐらゐは食へたのだらうか、それも知らない。黒猫と共に坐る残虐が常に私の習ひであつた……

夕暮、私は立ち去つたかの女の残像と友である。天の方に立ち騰るかの女の胸の襞《ひだ》を、夢のやうに萎れたかの女の肩の襞を、私は昔のやうにいとほしむ。だが、かの女の髪の中に挟し入つた私の指は昔私の心の支へであつた、あの全能の暗黒の粘状体に触れることがない。あまりに透明な秋の空気を憎まうか？

繁みの中に坐《すわ》らう。枝々の鋭角の黒みから生れ出る、かの「虚無」の性相《フイジオグノミー》をさへ点検しないで済む怖ろしい怠惰が、今私には許されてある。今は降り行くべき時だ――金属や蜘蛛の巣や瞳孔の栄える、あらゆる悲惨の市《いち》にまで。私には舵は要らない。街燈に薄光るあの枯芝生の堅い斜面に身を委せよう。それといつも変らぬ角度を保つ錫箔のやうな池の水面を愛しよう……私は私自身を救助しよう。

スランプ

福間健二

もう夜がきた
反射的に、よりかかって
心と塀を一緒にぐらつかせている
選べるものならば
簡単な問題をやっつけて
調子を出すべきなのだろうが
ぼくがまだ語れずにいる
ぼくの物語を
人は聞いてしまった
ということなのだ
ぼくはセメントみたいに

＊福間健二（ふくま・けんじ）一九四九（昭和24）年、新潟県に生まれる。東京都立大学（現・首都大学東京）英文科在学中に清水昶の作品にふれ、詩作を始める。詩集に『結婚入門』（一九八九〈平成元〉年）、『旧世界』（一九九四〈平成6〉年）など。『急にたどりついてしまう』（一九九五〈平成7〉年）をはじめ映画監督、脚本も手がけるほか、英文学の研究・翻訳も行う。二〇一一(平成23)年に刊行の詩集『青い家』で萩原朔太郎賞および歴程賞を受賞。

かたまってしまう
だから、何度も自分で手術した
ものごとを単純に考える努力をし
単純な事件をおこし
見事に解かれた
それでも、なにかが
自分の汚れるスピードに追いついていない
という問題なのだ
薄く、ひきのばされた影として
塀にはりついて
ぼくは考えている
人は、寝ていると思う
手術できない暗い空
手術できないこの脳に

カミナリが光る
あっというまに
音につつまれたセメント工場がせりあがって
だから、この雨は
うしろからくる卑怯な雨だ
みんな、いなくなって
警戒する濃淡だけがのこる塀の中を
全身灰色の少年が
とぼとぼ歩いている
その地面に
不必要な重みをかけないように
セメント工場の裏の坂をおり
ひとりの少女と
不機嫌に黙りこんだ空の

思い出を通過して
すぶぬれになって
線路わきの狭い道に出ると
人の話し声がひくく流れていて
ふりかえれば
はじめて恋をした自分に
追いつかれている

〈雨ニモマケズ〉

宮沢賢治

雨ニモマケズ
風ニモマケズ
雪ニモ夏ノ暑サニモマケヌ
丈夫ナカラダヲモチ
慾ハナク
決シテ瞋《いか》ラズ
イツモシヅカニワラッテヰル
一日ニ玄米四合ト
味噌ト少シノ野菜ヲタベ
アラユルコトヲ
ジブンヲカンジョウニ入レズニ

＊**宮沢賢治**（みやざわ・けんじ）一八九六（明治29）年、岩手県花巻市生まれ。盛岡高等農林学校卒。研究生を経て、稗貫農学校の教員となる。一九二四（大正13）年、詩集『心象スケッチ　春と修羅』と童話集『注文の多い料理店』を刊行。以後、農民相談所で勤務するかたわら、地方新聞と雑誌などに詩篇と童話を発表し文学活動をつづける。一九三三（昭和8）年、37歳で死去。没後、草野心平らにより未発表作品が数多く刊行され、高い評価を得た。

ヨクミキキシワカリ
ソシテワスレズ
野原ノ松ノ林ノ蔭ノ
小サナ萱ブキノ小屋ニヰテ
東ニ病気ノコドモアレバ
行ッテ看病シテヤリ
西ニツカレタ母アレバ
行ッテソノ稲ノ束ヲ負ヒ
南ニ死ニサウナ人アレバ
行ッテコハガラナクテモイイトイヒ
北ニケンクヮヤソショウガアレバ
ツマラナイカラヤメロトイヒ
ヒデリノトキハナミダヲナガシ
サムサノナツハオロオロアルキ

ミンナニデクノボートヨバレ
ホメラレモセズ
クニモサレズ
サウイフモノニ
ワタシハナリタイ

春から夏に感じること

室生犀星

自分は
子供の時代からよく小さな生きものを救うた
水に落ちたものや
生命を害されようとした小鳥などを救うた
そんなとき自分は
「春になつたらお礼に来い
たくさんお礼をもつて来い」
と言つて放してやつた
自分はそんなときに大概美しい気がしてゐた
どんな最微な生きものにも
深い運命をになつた使命があるにちがひない

＊室生犀星（むろう・さいせい）一八八九（明治22）年、石川県金沢市生まれ。金沢高等小学校を中途退学し、地方裁判所で給仕として勤務しながら、俳句と詩を書く。一九一〇（明治43）年、上京。北原白秋主宰『朱欒《ザンボア》』に詩篇を寄稿し、萩原朔太郎らと交流。一九一八（大正7）年に『愛の詩集』、『抒情小曲集』を刊行。一九三〇年代からは小説も書き始める。戦後の代表長編『杏つ子』で読売文学賞を受賞。一九六二（昭和37）年、72歳で死去。

何かしら天上のものと通じたものを持つ生きものには
きつとその魂に刻《きざ》まれた愛をかへしに来る時があるにちがひない
自分はいつも然《さ》う思ひながら
這《は》ふものを踏むまいとして
きたない道を歩いた
私はいまでも
その心を失《う》せきらないでゐる
目で生きてゐるものを害してはならないと信じる
小さな生きもの一つを救うた日は
きつとよいことがあると信じる
自分の対世間的な激怒の折折に
こんな小さな事にも気がやさしくなる
私が救うた生きものがみな今やつてきて
自分に酬《むく》いてゐてくれるにちがひない

そのために今自分は幸福であるのにちがひない
このやうに心が平和であるのにちがひない。

頑是ない歌

中原中也

思へば遠く来たもんだ
十二の冬のあの夕べ
港の空に鳴り響いた
汽笛の湯気《ゆげ》は今いづこ

雲の間に月はゐて
それな汽笛を耳にすると
竦然《しょうぜん》として身をすくめ
月はその時空にゐた

それから何年経つたことか

*中原中也（なかはら・ちゅうや）
前出（↓11ページ）

汽笛の湯気を茫然と
眼で追ひかなしくなつてゐた
あの頃の俺はいまいづこ

今では女房子供持ち
思へば遠く来たもんだ
此の先まだまだ何時までか
生きてゆくのであらうけど

生きてゆくのであらうけど
遠く経て来た日や夜《よる》の
あんまりこんなにこひしゆては
なんだか自信が持てないよ

さりとて生きてゆく限り
結局我ン張る僕の性質《さが》
と思へばなんだか我ながら
いたはしいよなものですよ

考へてみればそれはまあ
結局我ン張るのだとして
昔恋しい時もあり　そして
どうにかやつてはゆくのでせう

考へてみれば簡単だ
畢竟《ひつきやう》意志の問題だ
なんとかやるより仕方もない
やりさへすればよいのだと

思ふけれどもそれもそれ
十二の冬のあの夕べ
港の空に鳴り響いた
汽笛の湯気や今いづこ

ちひさな群への挨拶

吉本隆明

あたたかい風とあたたかい家とはたいせつだ
冬は背中からぼくをこごえさせるから
冬の真むかうへでてゆくために
ぼくはちひさな微温をたちきる
をはりのない鎖　そのなかのひとつひとつの貌をわすれる
ぼくが街路へほうりだされたために
地球の脳髄は弛緩してしまふ
ぼくの苦しみぬいたことを繁殖させないために
冬は女たちを遠ざける
ぼくは何処までゆかうとも
第四級の風てん病院をでられない

＊**吉本隆明**（よしもと・たかあき）一九二四（大正13）年、東京市京橋区（現・東京都中央区）月島生まれ。戦時中、米沢高等工業学校中に詩作を始める、のち戦後に東京工業大学電気化学科卒。詩集に『固有時との対話』（一九五二〈昭和27〉年）、『転位のための十編』（一九五三〈昭和28〉年）などがある。一九五四（昭和29）年、荒地新人賞受賞。また『言語にとって美とは何か』（一九六五〈昭和40〉年）、『共同幻想論』（一九六八〈昭和43〉年）をはじめ、幅広い評論活動を行った。戦後において大きな影響力を持った評論家である。晩年ま

で多数の著作を発表し続けた。二〇一二（平成24）年、87歳で死去。

ちひさなやさしい群よ
昨日までかなしかつた
昨日までうれしかつたひとびとよ
冬はふたつの極からぼくたちを緊めあげる
そうしてまだ生れないぼくたちの子供をけつして生れないやうにする
こわれやすい神経をもつたぼくの仲間よ
フロストの皮膜のしたで睡れ
そのあひだにぼくは立去らう
ぼくたちの味方は破れ
戦火が乾いた風にのつてやつてきさうだから
ちひさなやさしい群よ
苛酷なゆめとやさしいゆめが断ちきれるとき
ぼくは何をしたらう

ぼくの脳髄はおもたく　ぼくの肩は疲れてゐるから
記憶といふ記憶はうつちやらなくてはいけない
みんなのやさしさといつしよに

ぼくはでてゆく
冬の圧力の真むかうへ
ひとりつきりで耐えられないから
たくさんのひとと手をつなぐといふのは嘘だから
ひとりつきりで抗争できないから
たくさんのひとと手をつなぐといふのは卑怯だから
ぼくはでてゆく
すべての時刻がむかうかはに加担しても
ぼくたちがしはらつたものを
ずつと以前のぶんまでとりかへすために

すでにいらなくなつたものにそれを思ひしらせるために
ちひさなやさしい群よ
みんなは思ひ出のひとつひとつだ
ぼくはでてゆく
嫌悪のひとつひとつに出遇ふために
ぼくはでてゆく
無数の敵のどまん中へ
ぼくは疲れてゐる
がぼくの瞋《いか》りは無尽蔵だ

ぼくの孤独はほとんど極限《リミット》に耐えられる
ぼくの肉体はほとんど苛酷に耐えられる
ぼくがたふれたらひとつの直接性がたふれる
もたれあふことをきらつた反抗がたふれる

ぼくがたふれたら同胞はぼくの屍体を
湿つた忍従の穴へ埋めるにきまつてゐる
ぼくがたふれたら収奪者は勢ひをもりかへす

だから　ちひさなやさしい群よ
みんなのひとつひとつの貌よ
さやうなら

不思議《ふしぎ》

金子みすゞ

私は不思議でたまらない、
黒い雲からふる雨が、
銀《ぎん》にひかつてゐることが。

私は不思議でたまらない、
青い桑《くわ》の葉たべてゐる、
蚕《かいこ》が白くなることが。

私は不思議でたまらない、
たれもいじらぬ夕顔《ゆふがほ》が、
ひとりでぱらりと開《ひら》くのが。

＊金子みすゞ（かねこ・みすず）
一九〇三（明治36）年、山口県大津郡仙崎村に生まれる。大津高等女学校を卒業したあと、下関の書店で販売員として働く。『赤い鳥』などの雑誌に接し、童謡を書き始める。西條八十に才能を認められ、雑誌『童話』に「砂の王国」や「大漁」などの作品を発表する。一九二六（大正15）年、童謡詩人会に入る。一九三〇（昭和5）年、26歳で自殺。一九八〇年代に遺稿集が刊行され、再評価が進む。

私は不思議でたまらない、
誰にきいても笑つてて、
あたりまへだ、といふことが。

いつからか野に立つて

高見 順

いつからか野に立つて
天の一角へ右の手を差しのべ
それだと叫ぶのが
この私のならはしとなつたが

いつであつたか野に立つて
それだと私が叫ぶやいなや
私の指先からさつと爽やかに
私の苦しみが蒸発し去つた

どんなに私は喜んだらう

＊高見 順（たかみ・じゅん）一九〇七（明治40）年、福井県坂井郡三国町生まれ。東京帝国大学英文科卒。在学中からプロレタリア文学運動に関わり、雑誌『左翼芸術』に小説を寄稿。一九三五（昭和10）年の『故旧忘れ得べき』は第一回芥川賞の候補作となる。一九五〇（昭和25）年、詩集『樹木派』を刊行。晩年は日本近代文学館の設立に尽力。一九六四（昭和39）年に発表した『死の淵より』は、食道がんの闘病生活がモチーフとされている。一九六五（昭和40）年、58歳で死去。

しかしふと気がつくと
この私が透明だ
私は正に消失しかかつてゐた

思はず地面に両手をついて
生きたい生きたいと
手を通して必死に土から吸ひあげたもので
私は私をみたして行つた

その日からだ野に伏して
左の手はぴたりと地から離さず
右の手で遠い空を指さすのが
私の祈りの姿となつた

懐かしのわが家

寺山修司

昭和十年十二月十日に
ぼくは不完全な死体として生まれ
何十年かかかって
完全な死体となるのである
そのときが来たら
ぼくは思いあたるだろう
青森市浦町字橋本の
小さな陽あたりのいい家の庭で
外に向って育ちすぎた桜の木が
内部から成長をはじめるときが来たことを

＊寺山修司（てらやま・しゅうじ）
一九三五（昭和10）年、青森県弘前市生まれ。県立青森高等学校を経て、早稲田大学教育学部に入る。この頃から短歌をつくり、在学中に『短歌研究』の新人賞を受ける。一九五八（昭和33）年に第一歌集『空には本』を刊行。以後、詩歌のほかに、評論、放送詩劇やシナリオなどの執筆、演劇実験室「天井桟敷」での活動、映画制作などの幅広い活動を展開。一九八三（昭和58）年、47歳で死去。

子供の頃、ぼくは
汽車の口真似が上手かった
ぼくは
世界の涯てが
自分自身の夢のなかにしかないことを
知っていたのだ

ある願い

清岡卓行

わたしは乾きたくない
山の上に浮く魚の化石のようには。
わたしは氷りたくない
凍土帯《ツンドラ》に埋もれたマンモスのようには。
わたしは潜みたくない
原始の住居の跡の穀物の粒のようには。
わたしは狂いたいのだ
海の底から噴きあがる焔のように。
わたしは泣きたいのだ
沙漠の中を動きまわる湖のように。
わたしは消えて行きたいのだ
青空に羊雲を残す嵐のように。

＊清岡卓行（きよおか・たかゆき）
一九二二（大正11）年、中国大連生まれ。一九四四（昭和19）年、東京帝国大学文学部に入る。戦争終期に大連に渡り、敗戦を中国で迎える。一九四八（昭和23）年に引き揚げ。一九五四（昭和29）年に詩「石膏」を発表し、文筆活動を始める。一九五九（昭和34）年に第一詩集『氷った焔』を刊行。小説も書き、一九六九（昭和44）年に『アカシヤの大連』で芥川賞を受賞。詩集に『円き広場』（一九八八〈昭和63〉年、芸術選奨文部大臣賞）、『通り過ぎる女たち』（一九九五〈平成7〉年、歴程賞）など。小説に『マロニエの花が言った』（一九九九〈平成11〉年、野間文芸賞）など。二〇〇六（平成18）年、83歳で死去。

君よ！

先駆者の詩

山村暮鳥

此の道をゆけ
此のおそろしい嵐の道を
はしれ
大きな力をふかぶかと
彼方《かなた》に感じ
彼方をめがけ
わき目もふらず
ふりかへらず
邪魔するものは家でも木でもけちらして
あらしのやうに
そのあとのことなど問ふな

＊**山村暮鳥**（やまむら・ぼちょう）一八八四（明治17）年、群馬県高崎市生まれ。東京都築地の私立専門学校聖三一神学校を卒業。在学中に歌作を始める。伝道師として日本各地を転任。この頃、詩に転じて、『創作』や『詩歌』などに作品を発表。詩集に『三人の処女』（一九一三〈大正4〉年）、『聖三稜玻璃』（一九一五〈大正6〉年）、『風は草木にささやいた』（一九一八〈大正9〉年）など。晩年は結核と闘いながら童話や童謡の執筆に力を注ぐ。一九二四（大正13）年、40歳で死去。

勇敢であれ
それでいい

「ちさと、おせ。もっと、おせ。」

大和田 千聖

＊二〇〇八（平成20）年、小学生を対象とした、第49回晩翠わかば賞受賞作品。「作文宮城」第56号に掲載。

ちさと、おせ、
もっと、おせ。
まわしもって、おせ。
こしおろして、おせ。
こうちょう先生のこえがきこえる。

こうていの、まるどひょう。
まい日、
こうちょう先生と、
すもうのれんしゅう。
夏休みの日も、

朝一番に、
こうちょう先生がまっている。
ぶつかる、おす。
まい日、
あつくてもれんしゅう。
こうちょう先生の大きな体に、
ぶつかる、おす。
びくともしない。
ちさと、おせ、
もっと、おせのこえ。
おしても、
おしても、
うごかない。
あたまからぶつかる。

なん回も、
なん回も、ぶつかる。
ちさと、おせ。
ちさと、もっとおせ。
こうちょう先生のこえがきこえる。

ちびっ子ずもう。
こうちょう先生の、
いつものこえがきこえる。
ちさと、おせ
もっと、おせのこえ。
おして、
おして、
まっすぐにおした。

こうちょう先生の、
いつものこえがきこえる。
ちさと、おせ、
もっと、おせのこえ。
力がどんどんわいてくる。
じしんがわいてくる。
おして、
おして、
おしまくった。
はじめてのすもうで三い。

こうちょう先生の声がきこえる。
ちさと　おせ、
もっと　おせのこえ。

なんでも　がんばれる。
なんにでも、がんばれる。
こうちょう先生のこえ、
まほうの力をもつこえだ。

なぜぼくの手が

鮎川信夫

なぜぼくの手が
ふときみの肩にかけられたのか
どちらかが死にかけているような
不吉なやさしさをこめて

さりげないぼくの微笑も
どうしてきみの涙をとめることができよう
ぼくのものでもきみのものでもない
さらに多くの涙があるのに

ながかった航海の短かさについて

＊鮎川信夫（あゆかわ・のぶお）
一九二〇（大正9）年、東京市小石川区（現・文京区）生まれ。早稲田第一高等学院に入学した頃から詩作を始め、一九三九（昭和14）年に同級生らと第一次『荒地』を創刊。一九四二（昭和17）年、早稲田大学文学部英文科を中退し入営、翌年にスマトラへ出征。結核を発症し一九四四（昭和19）年帰還。終戦を迎える。戦後、一九四七（昭和22）年より、田村隆一らと『荒地』を主催。一九五五（昭和30）年、『鮎川信夫詩集』を刊行。戦後は詩作に加えて評論でも活躍、エラリー・クイーンなどの推理小

涙をながすほかには
なにも語ろうとするな
言わねばならぬさらに多くのことがあっても

きみの肩にかけられたぼくの手の
不吉なやさしさのなかで
虚しい文字のように消えてゆく
血の骨よ血の肉よ血の花よ

こうして耐えているぼくのほうが
むしろ泣きたいくらいだ
きみの青白い身体はみるみるうちに
どんな後悔よりも細くなってしまったから

説の翻訳も多い。一九八六（昭和61）年、66歳で死去。

燃える

吉増剛造

黄金の太刀が太陽を直視する
ああ
恒星面を通過する梨の花！

風吹く
アジアの一地帯
魂は車輪となって、雲の上を走っている
ぼくの意志
それは盲ることだ
太陽とリンゴになることだ
似ることとじゃない

＊吉増剛造（よします・ごうぞう）　一九三九（昭和14）年日、東京市杉並区阿佐ヶ谷生まれ。慶應義塾大学文学部国文科卒。在学中は『三田詩人』に参加。一九六四年、第一詩集『出発』を刊行。詩集に『黄金詩篇』（一九七〇〈昭和45〉年、高見順賞）、『オシリス、石ノ神』（一九八四〈昭和59〉年、現代詩花椿賞）、『熱風 a thousand steps』（一九七九〈昭和54〉年、歴程賞）、『螺旋歌』（一九九〇〈平成2〉年、詩歌文学館賞）、『「雪の島」あるいは「エミリーの幽霊」』（一九九八〈平成10〉年、芸術選奨文部大臣賞）、『表紙 omote-gami』（二〇〇

乳房に、太陽に、リンゴに、紙に、ペンに、インクに、夢に！　なる
　ことだ
凄い韻律になればいいのさ

今夜、きみ
スポーツ・カーに乗って
流星を正面から
顔に刺青できるか、きみは！

八〈平成20〉年、毎日芸術賞）など。写真作品の製作、美術や音楽とのコラボレーションなど、ジャンルを超えた活動を展開し、国内外でも多く朗読パフォーマンスを行っている。

父

吉野 弘

何故　生まれねばならなかったか。

子供が　それを父に問うことをせず
ひとり耐えつづけている間
父は　きびしく無視されるだろう。
そうして　父は
耐えねばならないだろう。

子供が　彼の生を引受けようと
決意するときも　なお
父は　やさしく避けられているだろう。

＊吉野 弘（よしの・ひろし）
一九二六（大正15）年、山形県酒田町（現・酒田市）生まれ。一九四四（昭和19）年、徴兵検査に合格するが、入営五日前に敗戦となる。一九五二（昭和27）年、『詩学』に「I was born」が掲載され脚光を浴びる。一九五三（昭和28）年から詩誌『櫂』に参加。一九五七（昭和32）年、第一詩集『消息』を刊行。詩集に『感傷旅行』（一九七一〈昭和46〉年、読売文学賞）、『自然渋滞』（一九八九〈平成元〉年、詩歌文学館賞）など。また合唱組曲『心の四季』などの作詞でも知られる。二〇一四年（平成26

父は　そうして
やさしさにも耐えねばならないだろう。

年）、87歳で死去。

会社の人事

中桐雅夫

「絶対、次期支店長ですよ、あなたは」
顔色をうかがいながらおべっかを使う、
いわれた方は相好《そうこう》をくずして、
「まあ、一杯やりたまえ」と杯をさす。

「あの課長、人の使い方を知らんな」
「部長昇進はむりだという話だよ」
日本中、会社ばかりだから、
飲み屋の話も人事のことばかり。

やがて別れてみんなひとりになる、

＊中桐雅夫（なかぎり・まさお）一九一九（大正8）、福岡県生まれ。神戸高等商業学校（現・兵庫県立大学）在学中に『LUNA』（後に『LE BAL』、と改題）を創刊。田村隆一、鮎川信夫らが参加。一九四七（昭和22）年創刊の『荒地』に参加。一九六八（昭和43）年まで、読売新聞の記者として勤めた、その後は法政大学で英国詩を講じた。詩集に『中桐雅夫詩集』（一九六四〈昭和39〉年、高村光太郎賞）、『会社の人事』（一九七九〈昭和54〉年、歴程賞）など。評論に『危機の詩人』（一九五三〈昭和28年〉）など。ミステリーやS

早春の夜風がみんなの頬をなでていく、
酔いがさめてきて寂しくなる、
煙草の空箱や小石をけとばしてみる。

子どものころには見る夢があったのに
会社にはいるまでは小さい理想もあったのに。

Fの翻訳もある。一九八三(昭和58)年、63歳で死去。

絶望

谷川俊太郎

絶望していると君は言う
だが君は生きている
絶望が終点ではないと
君のいのちは知っているから

絶望とは
裸の生の現実に傷つくこと
世界が錯綜《さくそう》する欲望の網の目に
囚《とら》われていると納得すること

絶望からしか

＊谷川俊太郎
（たにかわ・しゅんたろう）

一九三一（昭和6）年、東京都杉並区生まれ。一九五〇（昭和25）年、豊多摩高校を卒業。同年、『文学界』に初めて詩を発表し注目を集める。一九五二（昭和27）年に処女詩集『二十億光年の孤独』を刊行。一九五九（昭和34）年、詩論集『世界へ！』を刊行。詩集、エッセイ集、絵本、翻訳書など多くの著作がある。詩作のほかに、脚本、戯曲、作詞など、多方面で活躍。

本当の現実は見えない
本当の希望は生まれない
君はいま出発点に立っている

敵について

茨木のり子

私の敵はどこにいるの？

君の敵はそれです
君の敵はあれです
君の敵はまちがいなくこれです
ぼくら皆の敵はあなたの敵でもあるのです

ああその答のさわやかさ　明解さ

あなたはまだわからないのですか
あなたはまだ本当の生活者じゃない

＊茨木のり子（いばらぎ・のりこ）
前出（↓17ページ）

あなたは見れども見えずの口ですよ
あるいはそうかもしれない敵は……

敵は昔のように鎧かぶとで一騎
おどり出てくるものじゃない
現代では計算尺や高等教学やデータを
駆使して算出されるものなのです

でもなんだかその敵は
私をふるいたたせない
組みついたらまたただのオトリだったりして
味方だったりして……そんな心配が

なまけもの
なまけもの
なまけもの
君は生涯敵に会えない
君は生涯生きることがない

いいえ私は探しているの　私の敵を

敵は探すものじゃない
ひしひしとぼくらを取りかこんでいるもの

いいえ私は待っているの　私の敵を

敵は待つものじゃない

日々にぼくらを侵すもの

いいえ邂逅の瞬間がある！
私の爪も歯も耳も手足も髪も逆だって
敵！　と叫ぶことのできる
私の敵！　と叫ぶことのできる
ひとつの出会いがきっと　ある

位置

石原吉郎

しずかな肩には
声だけがならぶのでない
声よりも近く
敵がならぶのだ
勇敢な男たちが目指す位置は
その右でも　おそらく
そのひだりでもない
無防備の空がついに撓《たわ》み
正午の弓となる位置で
君は呼吸し
かつ挨拶せよ

＊**石原吉郎**（いしはら・よしろう）一九一五（大正4）年、静岡県伊豆市生まれ。東京外国語学校卒。戦時中、ハルビンの関東軍情報部に配属。終戦後、捕虜としてソ連の収容所に送られる。一九五三（昭和28）年に帰還し、詩作を始める。一九六三（昭和38）年に刊行した第一詩集『サンチョ・パンサの帰郷』によりH氏賞を受賞。一九七七（昭和52）年、62歳で死去。

君の位置からの　それが
最もすぐれた姿勢である

愛について

長田 弘

みがかれた銃の重さも
機銃掃射のはげしい響きもぼくは知らない
死のイメージを青空の遠くまで曳いていった
銀翼のにがいひかり、
燃える海に疲れた足をつっこんで横たわった
霧の兵士の冷たさもぼくは知らない。
それらを語る人たちの瞳には
いつも不思議な輝きのようなものがあって
ぼくをとても不安にする。
　　けれど、今日
ぼくたちの愛はその眼差しの方向を変えたのだ。

＊長田 弘（おさだ・ひろし）
一九三九（昭和14）年、福島県福島市生まれ。早稲田大学第一文学部ドイツ文学科卒。一九六〇（昭和35）年、詩誌『鳥』を創刊。一九六五（昭和40）年に第一詩集『われら新鮮な旅人』と詩論集『抒情の変革』を刊行。以後、詩集のほか評論、エッセイ、絵本など著書多数。詩集に『深呼吸の必要』（一九八四〈昭和59〉年）、『記憶のつくり方』（一九九八〈平成10〉年）、『世界はうつくしいと』（二〇〇九〈平成21〉年、三好達治賞）など。二〇一五（平成27）年、75歳で死去。

あとでそうと知ったのだが
はじめてぼくたちが出会ったとき
たがいに理解しあえると考えたことは
ほんとうは　間違いだったのだ。
夕闇が前足をそろえて忍んでくるころ
一日のあとの
ひとつかみほどの疲労をかかえて
二本の腕を絡ませ　ふたりで
しめった廃油の臭いが
いちめんにじわじわと匍っている
汚れた運河ぞいの石畳をゆっくり下りてゆく
そのとき　ぼくたちが
知らずしらず
微かなぬくもりを通して

分かちあっているのは
たがいに
いたわりあおうとする心のわずかな領域なのだ。
（それ以上のいったい何ができよう？）

＊＊＊

信じるとか信じないとか
こうじゃなければああしようとか、そんなことじゃないんだ
死の悪意に抗ってどうしても生きてゆくんだ
生きること、それがぼくたちのつとめだ。
「かおりのいい
花を君の髪に差してあげよう
優しいキスをぼくの額にかえしておくれ」
ときにはそんなことを言ってみる

瞬きもせずに。
それはやさしさの象徴か、それとも
この感情の時代のうつろさだろうか……

　だがぼくたちである　ぼくたちは
ぼくたちをえらんだ運命を
どこまでもどうでも代表していかなきゃならないんだ
ほかの時ちがった行為を択ぶということは誰もできない。
くちびるのうえに懸けられた
無名の世界にむかって
沈黙し、さけび、みずからの
重みのかかるほうへすこしずつ足を踏みだしてゆき
ついに行為そのものになってゆく。
それがたとえどんなにぶざまなことであるにしろ。

そこで白熱しながらするどく尖ってゆく歴史とその深い意味を
震える心臓《ハート》でもって生きてゆくよりほかないんだ、ぼくたちは。

ぼくたちの愛はひとつの過程をはぐくむ
いや　過程がぼくたちに愛の本質をもたらすのだ
持続することだ、持続すること
ぼくたちは　唯一の持続のなかで
仔猫のようにじゃれあい、身体を寄せあう。

新鮮で苦しみおおい日々

堀川正美

時代は感受性に運命をもたらす。
むきだしの純粋さがふたつに裂けてゆくとき
腕のながさよりもとおくから運命は
芯《しん》を一撃して決意をうながす。けれども
自分をつかいはたせるとき何がのこるだろう？

恐怖と愛はひとつのもの
だれがまいにちまいにちそれにむきあえるだろう。
精神と情事ははなればなれになる。
タブロオのなかに青空はひろがり
ガス・レンジにおかれた小鍋はぬれてつめたい。

＊堀川正美（ほりかわ・まさみ）一九三一（昭和６）年、東京都代々幡町（現・渋谷区）生まれ。早稲田大学文学部露文科中退。一九五四（昭和29）年、『氾』を創刊。一九六四（昭和39）年、第一詩集『太平洋』刊行。一九七〇（昭和45）年、第二詩集『枯れる瑠璃玉』刊行。一九七八〈昭和53〉年、第三詩集『否と諾』を含む、全詩集『堀川正美詩集』を刊行。評論集に『詩的想像力』（一九七九〈昭和54〉年）がある。

時の締切まぎわでさえ
自分にであえるのはしあわせなやつだ
さけべ。沈黙せよ。幽霊、おれの幽霊
してきたことの総和がおそいかかるとき
おまえもすこしぐらいは出血するか?

ちからをふるいおこしてエゴをささえ
おとろえてゆくことにあらがい
生きものの感受性をふかめてゆき
ぬれしぶく残酷と悲哀をみたすしかない。
だがどんな海へむかっているのか。

きりくちはかがやく、猥褻《わいせつ》という言葉のすべすべの斜面で。

円熟する、自分の歳月をガラスのようにくだいて
わずかずつ円熟のへりを噛《か》み切ってゆく。
死と冒険がまじりあって噴きこぼれるとき
かたくなな出発と帰還のちいさな天秤《てんびん》はしずまる。

はじまり・はじまり

富岡多恵子

なんでもええから反対せなあかん
この旗もって
もう出掛けな遅過ぎる
あんたには
えらい待たされた
あんたの雄弁はようわかった
ゆうべの雷で決心はついたやろ
あんたゆうたら
あれもわかれへん
これもわかれへん
なにもわかれへん

＊富岡多恵子
（とみおか・たえこ）

一九三五（昭和10）年、大阪市西淀川区（現・此花区）生まれ。府立大阪女子大学英文科在学中に詩作を始め、一九五七（昭和32）年に出版した第一詩集『返礼』でH氏賞を受賞。一九六一（昭和36）年に発表した長編詩『物語の明くる日』で室生犀星詩人賞受賞。一九七一（昭和46）年に小説集『丘に向ってひとは並ぶ』を刊行した後、詩作を離れて活動を散文へと移す。小説、戯曲、評論等で多数の受賞歴がある。

なにもあれへん
道頓堀川の舟の上から
トロンとした陽の中に
色とりどりの雨傘の群をみたやろ
カクテルパーティーの
砂糖菓子をみたやろ
殉教者の顔と
三段式ロケットの顔みたやろ
それから
あんたの恋人とも
あんたの敵やいうてるむつかしい話を
逢うたんびにしてるやないか
この旗もって
これから出掛けな一体何が出来る？

一日二十三時間
恋人のこと想うてて一体何が出来る?
手で確めて坐ってからやいうても
死ぬまで
いいや死んでからも
そんな椅子は何処にもあれへん
あつかましいこというても
あんたはひとりでふたりとちがう
そやから
この旗もって
もう出掛けな遅過ぎる

もう私は出掛けてる
旗がわかれへん

日の丸の旗は笑い話もつくられへん
アメリカのは税金で目から火の出る星
フランスのは
税金で赤い顔で怒って
蒼うなって払うて死んで白うなるそうな

もう私は出掛けてる
おかあちゃんに
我等の貧乏の結婚のために説得し
兄弟には無智を演説し
友達には気狂の定評を徹底し
恋人には負けんようにし
お前さんには
このように出掛けてることという必要もある

もう私は出掛けてる
恋人と寝たい瞬間にも
でけへんのと違うて
わかれへんから寝えへんだけや
恋人と私の間には
何もあれへん
ほんまに何も在れへん
革命のために戦争がいるなら
何もわかれへん
結婚せんといたら神の国が早よ来るなら
何もわかれへん
「真に偉大だった人」とはどんな人?

あれもわかれへん
これもわかれへん
なんにもわかれへん
なんにもあれへん
そやから私は出掛けてる

はじまり　はじまり

（詩集『返礼』に収録）

機関車

中野重治

彼は巨大な図体を持ち
黒い千貫の重量をもつ
彼の身体の各部は悉く測定されてあり
彼の導管と車輪と無数のねじとは隈なく磨かれてある
彼の動くとき
メートルの針は敏感に回転し
彼の走るとき
軌道と枕木と一せいに振動する
シヤワツ　シやワつ　という音を立てて彼のピストンの腕が動きはじ
　めるとき
それが車輪をかきまわして行くとき

＊中野重治（なかの・しげはる）一九〇二（明治35）年、福井県坂井郡高椋村（現・坂井市）生まれ。高校時代から詩歌、訳詩、小説を発表し始める。東京帝国大学独文科入学後から社会主義に傾倒し、労働者運動に積極的に関わる。一九二六（大正15）年、堀辰雄らと雑誌『驢馬』を創刊、詩と翻訳を寄稿。卒業後、プロレタリア文学運動のために奔走したが、三〇年代初頭に転向。戦後は『新日本文学』の創刊に加わり。参議院議員を務めるなどした。小説の代表作に『むらぎも』『梨の花』『甲乙丙丁』など。評論に『斎藤茂吉ノオト』などがあ

町と村々とをまつしぐらに駆けぬけて行くのを見るとき
おれの心臓はとどろき
おれの両眼は泪ぐむ
真鍮の文字板を掲げ
赤いラムプを下げ
常に煙をくぐって千人の生活を運ぶもの
旗とシグナルとハンドルとによつて
輝く軌道の上を全き統制のうちに驀進するもの
その律儀者の大男の後姿に
おれら今あつい手をあげる

る。一九七九（昭和54）年、77歳で死去。

百年戦争

佐々木幹郎

木の顔をした犬が走る
すると
泣きだしているのはわたしではないか
湿ったベランダの風に
瑠璃色の蛾が飛んでくる
「歌いたくない」

わたしは飛ばす
飛ぶことを覚えず
曇天の下で畑を焼いてばかりいた
幻の砂漠で

＊佐々木幹郎
（ささき・みきろう）
一九四七（昭和22）年、奈良県天理市生まれ。同志社大学文学部哲学科中退。一九七〇（昭和45）年、第一詩集『死者の鞭』を刊行。一九七二（昭和47）年から詩誌『白鯨』に創刊同人として参加。『蜂蜜採り』（一九九一〈平成3〉年、高見順賞）、『明日』（二〇一一〈平成23〉年、萩原朔太郎賞）などがある。評論、絵本、エッセイ集も多数刊行しており、『アジア海道紀行』（二〇〇二年）では読売文学賞を受賞している。

暴力的な馬の下で
朝の生肉を咬んでいる
わたしの帽子は暗い光のままだ
長い鉄道列車が埃のなかを走り
爆薬の匂う最後尾で
通りすぎた街を想うときだけ
生きのびる

土の家からよろけ出てくるのはわたしだ
笑いだしていた
それでも
眼を横にすえて
なぜ笑うのか
すべての街

すべての家に放火せよ
炎えつきた樹木の下で
紙を飛ばすための
雨にむかって帽子をかぶるための
わたしの手がゆれるだろう

納屋の扉がしまる
そこで泣いている子供達に
木屑が花模様がおちてくる
国境はみえずポンプからは夜明けの水だ
ゆっくりとふりかぶってくる煙の下で
火を入れるための食器は油が浮いている
母親の握る薪の先端で
あまたの歌がぶらさがる

戸棚をあけると
いまも流星が斜めにつまったままだ
戦争前にそろえたガラス瓶の油も少なくなって
百年は過ぎた
(何処にいるのか)
祈りは熱湯に沈み
暗黒で舞うだけだ
木の顔をした犬が走る

雨

北村太郎

春はすべての重たい窓に街《まち》の影をうつす。
街に雨はふりやまず、
われわれの死のやがてくるあたりも煙《けむ》っている。
丘のうえの共同墓地。
墓はわれわれ一人ずつの眼の底まで十字架を焼きつけ、
われわれの快楽を量《はか》りつくそうとする。
雨が墓地と窓のあいだに、
ゼラニウムの飾られた小さな街をぼかす。
車輪のまわる音はしずかな雨のなかに、
雨はきしる車輪のなかに消える。
われわれは墓地をながめ、

＊北村太郎（きたむら・たろう）一九二二（大正11）年、東京府谷中村（現・台東区）生まれ。東京帝国大学文学部仏文科卒。高校時代、中桐雅夫の詩誌『LUNA』に参加。東大在学中には詩誌『純粋詩』、『荒地』に参加。詩集に『北村太郎詩集』（一九六六〈昭和41〉年）、『眠りの祈り』（一九七六〈昭和51〉年、無限賞）、『犬の時代』（一九八三〈昭和58〉年、芸術選奨文部大臣賞）、『笑いの成功』（一九八五〈昭和60〉年、歴程賞）、『港の人』（一九八八〈昭和63〉年、読売文学賞）などがあるほか、翻訳も多数。一九九二（平成4）年、70歳で死去。

死のかすれたよび声を石のしたにもとめる。
すべてはそこにあり、
すべての喜びと苦しみはたちまちわれわれをそこに繋《つな》ぐ。
丘のうえの共同墓地。
煉瓦《れんが》づくりのパン焼き工場から、
われわれの屈辱のためにこげ臭《くさ》い匂《にお》いがながれ、
街をやすらかな幻影でみたす。
幻影はわれわれに何をあたえるのか。
何によって、
何のためにわれわれは管のごとき存在であるのか。
橋のしたのブロンドのながれ、
すべてはながれ、
われわれの腸に死はながれる。
午前十一時。

雨はきしる車輪のなかに、
車輪のまわる音はしずかな雨のなかに消える。
街に雨はふりやまず、
われわれは重たいガラスのうしろにいて、
横たえた手足をうごかす。

無声慟哭

宮沢賢治

こんなにみんなにみまもられながら
おまへはまだここでくるしまなければならないか
ああ巨きな信のちからからことさらにはなれ
また純粋やちいさな徳性のかずをうしなひ
わたくしが青ぐらい修羅をあるいてゐるとき
おまへはじぶんにさだめられたみちを
ひとりさびしく往かうとするか
信仰を一つにするたつたひとりのみちづれのわたくしが
あかるくつめたい精進《じやうしん》のみちからかなしくつかれてゐて
毒草や螢光菌のくらい野原をただよふとき
おまへはひとりどこへ行かうとするのだ

＊宮沢賢治（みやざわ・けんじ）
前出（↓37ページ）

（おら　おかないふうしてらべ）
何といふあきらめたやうな悲痛なわらひやうをしながら
またわたくしのどんなちいさな表情も
けつして見遁さないやうにしながら
おまへはけなげに母に訊《き》くのだ
（うんにや　ずゐぶん立派だぢやい
けふはほんとに立派だぢやい）
ほんたうにさうだ
髪だつていつさうくろいし
まるでこどもの苹果の頰だ
どうかきれいな頰をして
あたらしく天にうまれてくれ
《それでもからだくさえがべ？》
《うんにや　いつかう》

ほんたうにそんなことはない
かへつてここはなつののはらの
ちいさな白い花の匂でいつぱいだから
ただわたくしはそれをいま言へないのだ
（わたくしは修羅をあるいてゐるのだから）
わたくしのかなしさうな眼をしてゐるのは
わたくしのふたつのこころをみつめてゐるためだ
ああそんなに
かなしく眼をそらしてはいけない

四千の日と夜

田村隆一

一篇の詩が生れるためには、
われわれは殺さなければならない
多くのものを殺さなければならない
多くの愛するものを射殺し、暗殺し、毒殺するのだ

見よ、
四千の日と夜の空から
一羽の小鳥のふるえる舌がほしいばかりに、
四千の夜の沈黙と四千の日の逆光線を
われわれは射殺した

＊田村隆一（たむら・りゅういち）
一九二三（大正12）年、東京府北豊島郡巣鴨村（現・豊島区）生まれ。明治大学文芸科卒。『LE BAL』などに詩を投稿。戦後、鮎川信夫らとともに雑誌『荒地』（第二次）を創刊。一九五六（昭和31）年、第一詩集『四千の日と夜』刊行。第二詩集『言葉のない世界』（一九六三〈昭和38〉年で高村光太郎賞を受賞。詩集に『奴隷の歓び』（一九八四〈昭和59〉年、読売文学賞）、『ハミングバード』（一九九二〈平成4〉年、現代詩人賞）など。翻訳やエッセイ集などの著作多数。一九九八（平成10）年、75歳で死去。

聴け、
雨のふるあらゆる都市、鎔鉱炉、
真夏の波止場と炭坑から
たったひとりの飢えた子供の涙がいるばかりに、
四千の日の愛と四千の夜の憐みを
われわれは暗殺した

記憶せよ、
われわれの眼に見えざるものを見、
われわれの耳に聴えざるものを聴く
一匹の野良犬の恐怖がほしいばかりに、
四千の夜の想像力と四千の日のつめたい記憶を
われわれは毒殺した

一篇の詩を生むためには、
われわれはいとしいものを殺さなければならない
これは死者を甦らせるただひとつの道であり、
われわれはその道を行かなければならない

青春の健在

高見 順

電車が川崎駅にとまる
さわやかな朝の光のふりそそぐホームに
電車からどっと客が降りる
十月の
朝のラッシュアワー
ほかのホームも
ここで降りて学校へ行く中学生や
職場へ出勤する人々でいっぱいだ
むんむんと活気にあふれている
私はこのまま乗って行って病院にはいるのだ
ホームを急ぐ中学生たちはかつての私のように

＊高見 順（たかみ・じゅん）
前出（→54ページ）

昔ながらのかばんを肩からかけている
私の中学時代を見るおもいだ
私はこの川崎のコロムビア工場に
学校を出たてに一時つとめたことがある
私の若い日の姿がなつかしくよみがえる
ホームを行く眠そうな青年たちよ
君らはかつての私だ
私の青春そのままの若者たちよ
私の青春がいまホームにあふれているのだ
私は君らに手をさしのべて握手したくなった
なつかしさだけではない
遅刻すまいとブリッジを駆けのぼって行く
若い労働者たちよ
さようなら

君たちともう二度と会えないだろう
私は病院へガンの手術を受けに行くのだ
こうした朝　君たちに会えたことはうれしい
見知らぬ君たちだが
君たちが元気なのがとてもうれしい
青春はいつも健在なのだ
さようなら
もう発車だ　死へともう出発だ
さようなら
青春よ
青春はいつも元気だ
さようなら
私の青春よ

詩

オクタビオ・パス（真辺博章・訳）

お前は静かに密かにやって来て、
激怒を、喜悦を、
触れるものを燃えあがらせる
この苦悶を、目覚めさせ
すべてのもののうちに
暗い貪欲を生じさせる。

金属が火に溶けるように
世界は力尽きて崩壊する。
ぼくは廃墟のなかから
独りで、裸で、この身ひとつで、

＊オクタビオ・パス
(Octavio Paz)
一九一四年、メキシコ合衆国メキシコシティ生まれ。19歳で第一詩集『野生の月』（一九三三年）を刊行。一九三七年、スペインにおいて、反ファシスト作家会議に参加、その後パリにてアンドレ・ブルトンらと出会う。戦後は外交官となり、ヨーロッパ各国を転々としながら執筆を行う。一九六八年にその職を辞した後は英米の大学で教鞭を取った。代表作に『弓と竪琴』（一九五六年）、『孤独の迷宮』（一九六〇年）など。一九九〇年、ノーベル文学賞を受賞。一九九八年、84歳で死去。

眼に見えぬ軍勢に立ち向かって
孤独な兵士さながら
沈黙という巨岩のうえに立ち上がる。

焼けるように熱い真実よ、
何のためにぼくを駆りたてるのか？
お前のいう真実など、
お前のばかげた問いなど望みはしない。
この無益な闘いは何のためか？
人間はお前を抑えられる生き物ではない。
渇きのなかでのみ満たされる貪欲、
すべての唇を焼きつくす炎、
いかなる形でも生きていないが、
すべての形あるものを増やす精神よ。

お前は僕の奥底から、
ぼくという存在の名付け得ぬ中心から立ち昇る。
軍団よ、潮よ、
お前は成熟し、お前の渇きはぼくを苦しめさいなみ、
お前の逆上した剣に
屈しない者を、
容赦なく、放逐する。

もはやお前のみがぼくの内部に住んでいる。
名もない、お前は、凶暴な物質、
地下の、半狂乱の、貪欲だ。

お前の幻影がぼくの胸をたたく。

お前はぼくの触覚を刺激し、
ぼくの額を凍らせ、
ぼくの眼を開く。

ぼくは世界を知覚し、お前に触れる。
触れることのできない物質、
ぼくの魂とぼくの肉体の合一、
ぼくはぼく自身の闘いと
大地との結婚式を眺める。

対立的なイメージがぼくの眼を曇らせ、
別の、より深いものが、
イメージそのものを否定する。
勢いたどたどしい話し方、

より濃密な隠れた水が氾濫させる流れ、
その湿った闇のなかでは、生も死も、
静止も運動も、同じものだ。

勝ち誇るものよ、さらに要求せよ。
ただお前が存在するからこそぼくは存在し、
ぼくの口と舌が作られたのは
もっぱらお前の存在と
お前の内密の音節を話すためなのだ。
触知できない横暴な言葉、
ぼくの魂の本質。

お前はただの夢でしかないが、
しかしお前のなかで世界は夢み

その沈黙はお前の言葉によって語るのだ。
お前の胸に触れることで
ぼくは帯電した生命の国境を
血液の闇をかすめる。
そしてその闇では愛する相手を破壊し
破壊した相手を生き返らせることを更に望んでいる残酷かつ熱愛する口が、
常にそれ自体と同一のものである
冷静な世界と協定を結ぶのだ。
だからといって世界はいかなる形でも止まることはなく
それが生んだ物のうえに留まることはない。

孤独な人よ、ぼくを連れていけ、
さまざまな夢のなかへぼくを連れていけ、
ぼくの母よ、ぼくを連れていけ、

ぼくをはっきりと目覚めさせよ、
あなたの夢をぼくに夢みさせよ、
ぼくの眼を油に浸してくれ、
あなたを知ることでぼくがぼく自身を知るために。

雁の声

村上昭夫

雁の声を聞いた
雁の渡ってゆく声は
あの涯のない宇宙の涯の深さと
おんなじだ

私は治らない病気を持っているから
それで
雁の声が聞こえるのだ

治らない人の病いは
あの涯のない宇宙の涯の深さと

＊村上昭夫（むらかみ・あきお）
一九二七（昭和2）年、岩手県一関市生まれ。官吏として旧満洲国に赴任、終戦後に一時抑留される。一九五〇（昭和25）年に肺結核を発病、闘病生活を余儀なくされる。この頃から詩と俳句を始め、地方新聞に投稿。選者の村野四郎に激賞される。一九六七（昭和42）年に刊行した生前唯一の詩集『動物哀歌』により晩翠賞とH氏賞を受賞。一九六八（昭和43）年、41歳で死去。

おんなじだ

雁の渡ってゆく姿を
私なら見れると思う
雁のゆきつく先のところを
私なら知れると思う
雁をそこまで行って抱けるのは
私よりほかないのだと思う

雁の声を聞いたのだ
雁の一心に渡ってゆくあの声を
私は聞いたのだ

鳥よ

安水稔和

鳥よ。
疲れただろう。
血は走りに走り
今お前の体から
ほとばしりでるであろう。
おもうに自由な条件が
おまえの毒となったにちがいない。
自由な条件が自由意志を
はばんだにちがいない。
おもうに
おまえがやさしい歌をうたうとは

＊安水稔和（やすみず・としかず）一九三一（昭和6）年、兵庫県神戸市生まれ。神戸大学文学部英米文学科卒。大学在学中に詩誌『ぽえとろ』を創刊。一九五五（昭和30）年、第一詩集『存在のための歌』を刊行。『歴程』同人。合唱組曲やラジオドラマ、詩劇などの創作にも携わる。阪神淡路大震災の体験による作品も多い。詩集に『秋山抄』（一九九六〈平成8〉年、丸山豊記念現代詩賞）、『生きているということ』（一九九九〈平成11〉年、晩翠賞）、『椿崎や見なんとて』（二〇〇〇〈平成12〉年、詩歌文学館賞）などがある。

恋人たちの偏見にちがいない。
おまえが自由の身であるとは
まぎれもなく人間の偏見にちがいない。
鳥よ。
今こそ私の手にとまれ。
私はおまえを愛撫し
そのはて
この指先でおまえの首に
鋭いくびれを与えよう。

この道を進め

三つの道

村上昭夫

三つの道を考えよう
ひとつの道はさびしい道
ふたつの道はさびしい道
三つ目の道はさびしい道

ひとつの道を考えよう
その道は白い道
白い粉雪と白い砂丘が続く道
例えそこで千万のいきものを殺して見たところで
その道のさびしさははてないのだ

＊村上昭夫（むらかみ・あきお）
前出（↓123ページ）

ふたつの道を考えよう
その道は山鳴りの聞えてくる道
例えそこで巨億の金塊をつんで見たところで
その道のさびしさは消えないのだ

三つ目の道を考えよう
その道は葉と葉のふれあう音が続く道
ふれあっている葉と葉が
音もなく散ってくる道
例えそこで千人の美しい女を抱いて見たところで
その道のさびしさはやまないのだ

三つの道を考えよう
世界には三つの道があるのだ

ひとつの道はさびしい道
ふたつの道はさびしい道
三つ目の道はさびしい道
その道のことを考えよう

危険な散歩

萩原朔太郎

春になつて、
おれは新らしい靴のうらにごむをつけた、
どんな粗製の歩道をあるいても、
あのいやらしい音がしないやうに、
それにおれはどつさり壊れものをかかへこんでる、
それがなによりけんのんだ。
さあ、そろそろ歩きはじめた、
みんなそつとしてくれ、
そつとしてくれ、
おれは心配で心配でたまらない、
たとへどんなことがあつても、

＊萩原朔太郎
（はぎわら・さくたろう）

一八八六（明治19）年、群馬県前橋市生まれ。慶応義塾大学部予科中退。中学時代から歌作を試み、雑誌『明星』や『文庫』などに投稿を始める。一九一三（大正2）年、北原白秋主宰の雑誌『朱欒《ザンボア》』に短歌と詩を発表。室生犀星との交流も始まる。一九一七（大正6）年に第一詩集『月に吠える』を出版して注目を浴びた。その後、一時期詩作を中断したが、一九二二（大正11）年に詩集『青猫』を出版。他に、アフォリズム集『新しき欲情』と詩論集『詩の原理』など。一九四二（昭和17）年、55歳で死去。

おれの歪んだ足つきだけは見ないでおくれ。
おれはぜつたいぜつめいだ、
おれは病気の風船のりみたいに、
いつも憔悴した方角で、
ふらふらふらふらあるいてゐるのだ。

大股びらきに堪えてさまよえ

岡田隆彦

道を急ぐことはない。
あやまちを怖れる者はつねにほろびる。
明日をおびやかすその価値は幻影だ。
風を影に凍てつかせるなら　俗悪さにひるみ
道を急ぐことはない。
けれども垂直に現実とまじわるがいい。
厳粛な大股びらきに堪えて
非在の荒野をさまよいつづけろ。
せっかちに薔薇を求めて安くあがるな。
秘匿されるべきものの現前に立ちあい
引き裂かれる樹木の股に堪えて涙なく

＊**岡田隆彦**（おかだ・たかひこ）一九三九（昭和14）年、東京府麻布材木町（現・港区六本木）に生まれる。慶應義塾大学文学部仏文科卒。高校二年生の頃から詩作を始め、『現代詩手帖』等に投稿。大学在学中には『三田詩人』の復刊に参加。吉増剛造らと同人誌『ドラムカン』を創刊。一九六三（昭和38）年、第一詩集『われらのちから19』刊行。長篇詩集『時に岸なし』（一九八五〈昭和60〉年）で高見順賞受賞。詩作のほか、二〇世紀美術を中心とした批評も行う。一九九七（平成9）年、57歳で死去。

こだます胸の痛みが
深まるにまかせよう。 そして
あの孤独の深淵をひとり降りてゆく。
死の河だから進むことができる。
堪えてすべてを失ったなら　語るな。
蒼穹《そうきゅう》のごとき沈黙に飛ぶ鳥を見よ。
求める約束にみずからあざむかれ
道を急ぐことはない。

傷ひらく

三井ふたばこ

昼休みのビルの屋上からは
ここかしこ　まばゆい桜のさざなみ

うきうきと談笑しながら
見物している人は
瞬間　ふと緊張したおももちになる
あれは刑務所の石べいの桜
むこうは混血児ホームの桜
あちらは精神病院の奥庭の桜

あでやかにも桜がひらいたので

＊三井ふたばこ（みつい・ふたばこ）一九一八（大正7）年、西條八十の長女として東京市神田（現・千代田区）に生まれる。父と共に詩誌『ポエトロア』を編集発行して『現代女流詩人集』（一九五八〈昭和33〉年）などを編み、父の詩集の編纂も行った。詩集に『後半球』（一九五七〈昭和32〉年）、『空気の痣』（一九六八〈昭和43〉年）など。また『あしながおじさん』（一九六六〈昭和41〉年）など少年少女文学や童謡の翻訳も手がけた。一九九〇（平成2）年、72歳で死去。

疲れきったこの都のさまざまの傷口が
ふたたびそこにあらわれたのだ

すると人びとの心にも
忘れえぬいきぐるしい記憶が
うずきだした

ひらひらと　花たちは
深いきずぐちにあてたガーゼのように
いたいいたしくゆれていた

他人の空

飯島耕一

鳥たちが帰って来た。
地の黒い割れ目をついばんだ。
見慣れない屋根の上を
上ったり下ったりした。
それは途方に暮れているように見えた。

空は石を食ったように頭をかかえている。
物思いにふけっている。
もう流れ出すこともなかったので、
血は空に
他人のようにめぐっている。

＊飯島耕一（いいじま・こういち）一九三〇（昭和5）年、岡山県岡山市生まれ。東京大学文学部フランス文学科卒。一九五三（昭和28）年に第一詩集『他人の空』を刊行。一九五六（昭和31）年に大岡信らとシュルレアリスム研究会を始め、一九五九（昭和34）年には清岡卓行らを加えて詩誌『鰐』創刊する。詩集『ゴヤのファーストネームは』（一九七四〈昭和49〉年、高見順賞）、小説『暗殺百美人』（一九九六〈平成8〉年、Bunkamuraドゥ・マゴ文学賞）をはじめ、受賞多数。二〇一三（平成25）年、83歳で死去。

鷗

三好達治

つひに自由は彼らのものだ
彼ら空で恋をして
雲を彼らの臥床《ふしど》とする
つひに自由は彼らのものだ

つひに自由は彼らのものだ
太陽を東の壁にかけ
海が夜明けの食堂だ
つひに自由は彼らのものだ

つひに自由は彼らのものだ

＊**三好達治**（みよし・たつじ）
一九〇〇（明治33）年、大阪市西横堀町生まれ。東京帝国大学文学部仏文科卒。高校時代に丸山薫の影響を受けて詩を書き始める。一九二五（大正14）年、雑誌『青空』の創刊に参加、同誌に載せた「乳母車」が賞賛される。一九三〇（昭和5）年、第一詩集『測量船』を刊行。詩集に『駱駝の瘤にまたがって』（一九五二〈昭和27〉年、芸術院賞）、『定本三好達治全詩集』（一九六二〈昭和37〉年、読売文学賞）など。また、ボードレールの『巴里の憂鬱』などを翻訳。一九六四（昭和39）年、63歳で死去。

太陽を西の窓にかけ
海が日暮れの舞踏室だ
つひに自由は彼らのものだ

つひに自由は彼らのものだ
彼ら自身が彼らの故郷
彼ら自身が彼らの墳墓
つひに自由は彼らのものだ

つひに自由は彼らのものだ
一つの星をすみかとし
一つの言葉でことたりる
つひに自由は彼らのものだ

つひに自由は彼らのものだ
朝やけを朝の歌とし
夕やけを夕べの歌とす
つひに自由は彼らのものだ

海戦

安東次男

それにしても、断言できることは、二度目の光景の方が最初の光景よりも一層
凶兆を呈しているということだ！
ヴイリエ・ド・リラダン

波で洗われた
歴史の断面の、
ぱつくりあいた
ばらいろの創口。
それはしめす。
もはや血のしたたる創口も、
海綿のように晒された創口もないことを。
軟体動物の夜明けは

＊安東次男（あんどう・つぐお）
一九一九（大正8）年、岡山県苫田郡東苫田村（現・津山市）生まれ。東京帝国大学経済学部卒。学生時代から、俳句、フランス文学に親しんだ。一九五〇（昭和25）年、第一詩集『六月のみどりの夜わ』刊行。翌年に第二詩集『蘭』刊行、注目を集める。評論集『澱河歌の周辺』（一九六二年）で読売文学賞受賞。六〇年代以降は、和歌や俳諧の研究が主となる。主著に『風狂余韻　芭蕉連句新釈』（一九九〇〈平成2〉年、芸術選奨文部大臣賞）、句集『流』（一九九七〈平成9〉年、詩歌文学館賞）など。二

もはや、骨のあるものはいらないことを。
横ざまにされた娼婦のように
あいまいな、はじまりでしかないことを。
鮫は、
まるごとそれをのみくだす。
喰みこぼされた
ぜいたくな手や足は、
狂想曲のように波のうえをはねてまわる、
（自由・平等・博愛・しからずんば・われに・死をあたえよ）
《りべるて・えがりて・ふらてるにて・う・ら・もおる！》と。

鮫は見る。
巨大な海上赤十字病院の

〇〇二（平成14）年、82歳で死去。

電動式ベッドの上で
ぼろぎれのように平たくなつて抛りだされている、
老一水の
男根の
末期《ご》の歴然たる異状を。
それら人間の
物質的エピローグを。
しかし鮫はかんがえているのだ。
もう来なくなつたオルガスムスのことを。
昨日、波のうえをあるいて去《い》つてしまつた
慾情のことを。
さみしがりやの鮫はおもう。
つくづくこのごろ、吐く息、細いふたつの目までが、
にんげんくさくなつたと。

守護神がいなくなつたと。
目やすくうかんだ藍色の波に
容赦なく照りつける赤道下の太陽までが、
なんとなくばら色の創口くさくなつてきたと。

火星が出てゐる

高村光太郎

火星が出てゐる。

要するにどうすればいいか、といふ問は、
折角たどつた思索の道を初にかへす。
要するにどうでもいいのか。
否、否、無限大に否。
待つがいい、さうして第一の力を以て、
そんな問に急ぐお前の弱さを滅ぼすがいい。
予約された結果を思ふのは卑しい。
正しい原因に生きる事、
それのみが浄い。

＊高村光太郎（たかむら・こうたろう）
一八八三（明治16）年、東京市下谷区（現・台東区）生まれ。東京美術学校で彫刻を学ぶ。同じ頃、与謝野鉄幹の新詩社に参加して短歌を書き始める。一九〇六（明治39）年から三年半の欧米留学。一九一四（大正3）年、詩集『道程』を刊行し、長沼智恵子と結婚。一九四一（昭和16）年に『智恵子抄』を出版。一方、戦時中は戦争詩を多数書く。戦後、岩手県花巻で疎開、独居生活を送る。一九五六（昭和31）年、73歳で死去。

お前の心を更にゆすぶり返す為には、
もう一度頭を高くあげて、
この寝静まつた暗い駒込台の真上に光る
あの大きな、まつかな星を見るがいい。

火星が出てゐる。

木枯が皂角子《さいかち》の実をからから鳴らす。
犬がさかつて狂奔する。
落葉をふんで
藪を出れば
崖。

火星が出てゐる。

おれは知らない、
人間が何をせねばならないかを。
おれは知らない、
人間が何を得ようとすべきかを。
おれは思ふ、
人間が天然の一片であり得る事を。
おれは感ずる、
人間が無に等しい故に大である事を。
ああ、おれは身ぶるひする、
無に等しい事のたのもしさよ。
無をさへ滅した
必然の瀰漫《(びまん)》よ。

火星が出てゐる。

天がうしろに回転する。
無数の遠い世界が登って来る。
おれはもう昔の詩人のやうに、
天使のまたたきをその中に見ない。
おれはただ聞く、
深いエエテルの波のやうなものを。
さうしてただ、
世界が止め度なく美しい。
見知らぬものだらけな無気味な美が
ひしひしとおれに迫る。

火星が出てゐる。

蒼ざめた馬

萩原朔太郎

冬の曇天の　凍りついた天気の下で
そんなに憂鬱な自然の中で
だまつて道ばたの草を食つてる
みじめな　しよんぼりした　宿命の　因果の　蒼ざめた馬の影です
わたしは影の方へうごいて行き
馬の影はわたしを眺めてゐるやうす。

ああはやく動いてそこを去れ
わたしの生涯《らいふ》の映画幕《すくりーん》から
すぐに　すぐに外《ず》りさつてこんな幻像を消してしまへ
私の「意志」を信じたいのだ。馬よ！

＊萩原朔太郎（はぎわら・さくたろう）
前出（↓132ページ）

因果の　宿命の　定法の　みじめなる
絶望の凍りついた風景の乾板から
蒼ざめた影を逃走しろ。

見えない木

田村隆一

雪のうえに足跡があった
足跡を見て　はじめてぼくは
小動物の　小鳥の　森のけものたちの
支配する世界を見た
たとえば一匹のりすである
その足跡は老いたにれの木からおりて
小径を横断し
もみの林のなかに消えている
瞬時のためらいも　不安も　気のきいた疑問符も　そこにはなかった
また　一匹の狐である
彼の足跡は村の北側の谷づたいの道を

＊田村隆一（たむら・りゅういち）
前出（↓110ページ）

直線上にどこまでもつづいている
ぼくの知っている飢餓は
このような直線を描くことはけっしてなかった
この足跡のような弾力的な　盲目的な　肯定的なリズムは
ぼくの心にはなかった
たとえば一羽の小鳥である
その声よりも透明な足跡
その生よりもするどい爪の跡
雪の斜面にきざまれた彼女の羽
ぼくの知っている恐怖は
このような単一な模様を描くことはけっしてなかった
この羽跡のような　肉感的な　異端的な　肯定的なリズムは
ぼくの心にはなかったものだ

突然　浅間山の頂点に大きな日没がくる
なにものかが森をつくり
谷の口をおしひろげ
寒冷な空気をひき裂く
ぼくは小屋にかえる
ぼくはストーブをたく
ぼくは
見えない木
見えない鳥
見えない小動物
ぼくは
見えないリズムのことばかり考える

詩は、自然に内在する様々なリズムから、大きな力を得て書き起こされるのではないだろうか。例えば波。風のそよぎ。いま、森のなかに残されたのは、小動物の連続する足跡。詩人はそこに、明確で清々しい生のリズムをみる。この詩が刻むリズムそのもの。筋肉をつけた、「考える詩」だ。

冬が来た

高村光太郎

きつぱりと冬が来た
八つ手の白い花も消え
公孫樹《いてふ》の木も箒になつた

きりきりともみ込むやうな冬が来た
人にいやがられる冬
草木に背《そむ》かれ、虫類に逃げられる冬が来た

冬よ
僕に来い、僕に来い
僕は冬の力、冬は僕の餌食《ゑじき》だ

＊高村光太郎
（たかむら・こうたろう）
前出（↓146ページ）

しみ透れ、つきぬけ
火事を出せ、雪で埋めろ
刃物のやうな冬が来た

なんだ…

まど・みちお

なれるまでだ「わあ！」は
なれてしまえば「なんだ…」だ

わあ　かいじゅう！
なんだ　犬か…

わあ　UFO！
なんだ　飛行機か…

わあ　バオバブ！
なんだ　マツノキか…

＊まど・みちお
一九〇九（明治42）年11月16日、山口県徳山市（現・周南市）に生まれる。父の転勤のため台湾に移住し、台北工業学校土木科卒業。卒業後、台北州庁に勤務しながら『コドモノクニ』をはじめとする児童雑誌に詩を投稿し、北原白秋に認められる。戦後帰国し、幼児雑誌『チャイルドブック』の編集に携わる。主な詩集として『ぞうさん』（一九七五〈昭和50〉年）、『風景詩集』（一九七九〈昭和54〉年）など。一九九四（平成6）年、現代日本を代表する童謡詩人として、国際アンデルセン賞作家賞を日本人とし

わあ　10人ごろし！
なんだ　どろぼうか…

なんだ　汚職か…
なんだ　公害か…

なんだ　戦争か　原爆か…
なんだ　なんだ　なんだ…

て初めて受賞した。ペンネームの「まど」は窓が好きなことに由来する。二〇一四（平成26）年、104歳で死去。

猫

萩原朔太郎

まつくろけの猫が二疋《ひき》、
なやましいよるの家根のうへで、
ぴんとたてた尻尾のさきから、
糸のやうなみかづきがかすんでゐる。
『おわあ、こんばんは』
『おわあ、こんばんは』
『おぎやあ、おぎやあ、おぎやあ』
『おわああ、ここの家の主人は病気です』

＊萩原朔太郎
（はぎわら・さくたろう）
前出（↓132ページ）

美しい国

永瀬清子

はばかることなくよい思念《おもひ》を
私らは語つてよいのですつて。
美しいものを美しいと
私らはほめてよいのですつて。
失つたものへの悲しみを
心のままに涙ながしてよいのですつて。

敵とよぶものはなくなりました。
醜《しゅう》とよぶものは恩人でした。
私らは語りませう語りませう手をとりあつて。
そしてよい事で心をみたしませう。

＊永瀬清子（ながせ・きよこ）
一九〇六（明治39）年、岡山県赤磐郡豊田村生まれ。愛知県第一高等女学校卒。上田敏の訳詩を読んで自ら詩作を試み、佐藤惣之助に師事して詩誌『詩之家』の同人となる。一九三〇（昭和5）年、第一詩集『グレンデルの母親』を刊行。北川冬彦らと交流し、『時間』や『麺麭』などに詩を寄稿。戦後は農民生活を送りながら執筆をつづける。一九九五（平成7）年、89歳で死去。

ああ長い長い凍《こご》えでした。
涙も外へは出ませんでした。
心をだんだん暖めませう。
夕ぐれて星が一つづつみつかるやうに
感謝といふ言葉さへ
今やつとみつけました。

　私をすなほにするために
　貴方のやさしいほほえみが要《い》り
　貴方のためには私のが。

ああ夜ふけて空がだんだんにぎやかになるやうに
瞳はしづかにかがやき合ひませう

よい想ひで空をみたしませう
心のうちに
きらめく星空をもちませう。

曠野の歌

伊東静雄

わが死せむ美しき日のために
連嶺の夢想よ！　汝《な》が白雪を
消さずあれ
息ぐるしい稀薄のこれの曠野に
ひと知れぬ泉をすぎ
非時《ときじく》の木の実熟《う》るる
隠れたる場所を過ぎ
われの播種《ま》く花のしるし
近づく日わが屍骸《なきがら》を曳かむ馬を
この道標《しめ》はいざなひ還さむ
ああかくてわが永久《とは》の帰郷を

＊伊東静雄（いとう・しずお）一九〇六（明治39）年、長崎県諫早市生まれ。京都帝国大学国文科を卒業後、大阪で中学校教師となる。この頃、『呂』を創刊し、本格的に詩作をはじめる。ドイツ詩人のケストナーやリルケの詩から刺激を受ける。一九三五（昭和10）年、第一詩集『わがひとに与ふる哀歌』を刊行。一九四〇（昭和15）年、詩集『夏花』を刊行し、北村透谷賞を受賞。一九五三（昭和28）年、肺結核のため47歳で死去。

高貴なる汝《な》が白き光見送り
木の実照り　泉はわらひ……
わが痛き夢よこの時ぞ遂に
休らはむもの！

卑怯者のマーチ

石原吉郎

この街の栄光の南側の出口
この街の栄光の膝までの深さ
欠けた堤防は膝でうずめ
欠け落ちた隊伍は
馬鈴薯で埋める
偉大な事だけを
遠くへ生起させて
この街の栄光の南側の出口
この街の栄光の膝までの深さ
医師と落丁と
僧侶と白昼と

＊石原吉郎（いしはら・よしろう）
前出（↓82ページ）

ひとにぎりの徒党と
系譜と病歴と
（酒と希望が残りを
　やっつける）
この街の栄光の右側ひだり側
この街の栄光の膝までの深さ
一人の直系を残すための
憎悪の点検は日没からだ
この街の勾配を
背なかでずり落ちて
眼帯のまうらへ
ひっそりと整列する
起て　ひとりずつ
移動せよ省略するな

省略しえたにせよ
名称はのこる
卑怯者であると
故にいうのだ

コーラス239

ジャック・ケルアック（高橋雄一郎、池澤夏樹・訳）

チャーリー・パーカー*は仏陀に似ていた
チャーリー・パーカーはこのあいだ死んだ
何週間もの過労と病気の末に
テレビで手品を見ながら笑って死んだ
彼はパーフェクトミュージシャン
その顔に浮かぶものは
静かで、美しく、深遠な、
東の人々が描くブッダの顔、閉じた瞼
その表情は「すべてよろしい」と語っている
「すべてよろしい」
——チャーリー・パーカーは演奏を通じて音楽が伝えたことばを

*ジャック・ケルアック
(Jack Kerouac)
一九二二年、アメリカ合衆国マサチューセッツ州生まれ。コロンビア大学中退。戦後はアメリカ全土を放浪し、その経験が作品に反映される。自伝的小説『路上』（一九五七年）や『孤独な旅人』（一九六〇年）などで知られ、詩人のギンズバーグらとともに「ビート・ジェネレーション」を自称して若者たちを代表する作家となった。詩集に『メキシコ・シティ・ブルース』（一九五九年）など。一九六九年、47歳で死去。

告げた。すべてよろしい
隠者の喜びに似た
朝早い時刻の感覚
　でなければ
ワイルドなジャムセッションの
パーフェクト・クライ
「ウエイルウアップ」チャーリーが吹きだす
その息、スピード狂の望むスピードに達する
そして彼らはチャーリーの
永遠の減速を望んだ
偉大なミュージシャンで
　偉大な様式の創造者
それが遂に君と時代の
声となった。

＊チャーリー・パーカー　一九二〇〜一九五五年、アメリカ合衆国のジャズ・アルトサックス奏者。ビバップと呼ばれるモダンジャズのスタイルを確立した。

ハイウェイの事故現場

辻　征夫

詩を書く前には靴を磨くね
六〇年代のいつだったか
リングで死んだデビー・ムーアが
試合の前夜いっしんふらんにリングシューズを磨いていて
たまたま取材に訪れた記者に
きみの靴も磨かせてほしいといったそうだけど
あれと同じかな
普段履いてないのも下駄箱から出して
五足も六足も磨くんだ
部屋を片付けていることもある

＊辻　征夫（つじ・ゆきお）
一九三九（昭和14）年、東京市浅草区（現・東京都台東区浅草市）生まれ。明治大学文学部仏文科卒。15歳の頃より詩作を始め雑誌に投稿。一九五九（昭和34）年、詩誌『銛』の創刊に参加。一九六二（昭和37）年、第一詩集『学校の思い出』を刊行。詩集に『かぜのひきかた』、『天使・蝶・白い雲などいくつかの瞑想』（ともに一九八七〈昭和62〉年、後者は歴程賞）、『河口眺望』（一九九三〈平成5〉年、芸術選奨文部大臣賞、詩歌文学館賞）、『ヴェルレーヌの余白に』（一九九〇〈平成2〉年、高見順

自分の部屋ではなくて　テレビや食卓のある
リビングルームさ
それから急に思い出して
電話をかける
だれでもいいんだ
どこか遠くに住んでいる
母だったらいちばんいいけれど
もう死んじゃったよ
(父だと困るな
あのひとは電話だと殆どなんにもしゃべらないんだよ
やはり死んだからなおさらだけど)

することがなくなったら自分の部屋に閉じこもって
うろうろしているほかはない

賞)など。二〇〇〇(平成12)年、脊髄小脳変性症の闘病中に急逝、60歳だった。

胸も　喉も　眼も
悲しみでいっぱいで
泣きたいし　叫びたいしもうどうしようもないんだ
なにが悲しいのかって
きかれても困るけれど

それでその次に原稿用紙かノートに向かって
詩を書くんですかってききたいんだろう?
書きゃしないんだよ
家族の会話や　窓からの街のひびきが
いつのまにかきこえなくなって
ほらテレビのコマーシャルで見たことない?
岩山だらけの平原の
地平線の向こうまで殺風景にのびているハイウェイ

悲しみだけがあんなふうにどーんとつづいていて

もちろんそこに
放り出されているのがぼくなんだ
ふりむくと
ことばの破片が
事故の痕跡みたいに落ちていることがあるけれど
それだけさ

葬式列車

石原吉郎

なんという駅を出発して来たのか
もう誰もおぼえていない
ただ　いつも右側は真昼で
左側は真夜中のふしぎな国を
汽車ははしりつづけている
駅に着くごとに　かならず
赤いランプが窓をのぞき
よごれた義足やぼろ靴といっしょに
まっ黒なかたまりが
投げこまれる
そいつはみんな生きており
汽車が走っているときでも

＊石原吉郎（いしはら・よしろう）
前出（↓82ページ）

みんなずっと生きているのだが
それでいて汽車のなかは
どこでも屍臭がたちこめている
そこにはたしかに俺もいる
誰でも半分はもう亡霊になって
もたれあったり
からだをすりよせたりしながら
まだすこしずつは
飲んだり食ったりしているが
もう尻のあたりがすきとおって
消えかけている奴さえいる
ああそこにはたしかに俺もいる
うらめしげに窓によりかかりながら
ときどきどっちかが
くさった林檎をかじり出す

俺だの　俺の亡霊だの
俺たちはそうしてしょっちゅう
自分の亡霊とかさなりあったり
はなれたりしながら
やりきれない遠い未来に
汽車が着くのを待っている
誰が機関車にいるのだ
巨きな黒い鉄橋をわたるたびに
どろどろと橋桁が鳴り
たくさんの亡霊がひょっと
食う手をやすめる
思い出そうとしているのだ
なんという駅を出発して来たのかを

めだまやき

まど・みちお

戦後に使われだしたのだそうだが
「めだまやき」ということばは　いたい
いたくて　こわい
いきなり　この目だまに
焼きごてを当てつけられるようで…

いや　小さな弱い生きものたちの
はだかの目だまに
はだかの生命《いのち》に
この手が　じかに
焼きごてを当てつけて楽しむようで…

*まど・みちお（まど・みちお）
前出（↓158ページ）

いいことばだ　どんどん使え
使いなれて　平気のへいざになれ
あの「たまごやき」ということばのように
と　何かにそそのかされるようで…

そのちょうしで　そのちょうしで
いよいよ　さいげんなく　はてしなく
ざんにん　ざんこくに　なっていけ
と　何かにあおりたてられるようで…
こわい
「めだまやき」ということばは　こわい

黒い苦しみのロマンセ

ガルシーア・ロルカ（小海永二・訳）

ホセ・ナバルロ・バルドに

雄鶏《おんどり》たちのつるはしが
夜明けを探して　穴を掘る、
その頃　ソレダード・モントーヤが*
暗い山を降りてくる。
その肉体の、真鍮は、
馬と影との匂いを放つ。
乳房の　いぶされた鉄床《かなとこ》は、
丸い歌々を呻いている。
――ソレダードよ、お前は誰をたずねているのか
たった一人で　こんな時刻に？

＊ガルシーア・ロルカ（Federico García Lorca）一八九八年、スペイン・グラナダ県生まれ。詩人、劇作家。一九二一年、第一詩集『詩の本』刊行。一九二七年に発表した『歌集』と歴史劇『マリアナ・ピネータ』で文壇における地位を得、『ジプシー歌集』（一九二八年）で確固たるものとした。詩集に『カンテ・ホンドの歌』（一九三一年）、戯曲に『血の婚礼』（一九三三年）などがある。一九三六年、スペイン内戦勃発から数日後、反乱軍側に射殺され38歳の生涯を終えた。

＊ソレダード　この語には「孤独・寂寥」の意味がある。

——あたしが誰をたずねていようと　どうかかまわないでくださいな、
それが一体あなたにとって　何の関わりがあるんです？
あたしは探しに来たのです　あたしの探しているものを、
あたしの歓喜とあたし自身を。
——わが悲しみのソレダードよ、
くつわを外して猛る馬は、
遂には海にぶつかって
波に呑まれてしまうのだ。
——あたしに思い出させないで　海のこと、
オリーヴの大地の上に
木の葉のざわめくその下に
あの黒い苦しみが　芽を吹くから。
——ソレダード、何という苦しみを　お前は負うていることか！
何て気の毒な苦しみだろう！

お前は　期待で口に酸っぱい
レモンの汁の　涙を流す。
――何と大きな苦しみでしょう！　狂ったように
あたしは家中駈けまわるのです、
台所から寝室へと
二本の編み毛を床《ゆか》の上に引きずって。
何という苦しみでしょう！　あたしは黒玉《こくぎょく》色に
染まって行きます、肌も衣服も。
アーイ　麻織りのあたしのシュミーズ！
アーイ　ひなげしのあたしの腿！
――ソレダードよ、雲雀の水で
身体を洗え、
そして　お前の心を
安らかにせよ、ソレダード・モントーヤ。

*

下では河が歌っている、
空と木の葉のすそ飾り。
新しい光が　南瓜の花を
髪にかざす。
おお　ジプシーの苦しみよ！
浄らかな　いつも独りの苦しみよ。
おお　かくれた河床と
遠いあかつきの苦しみよ！

戦争がありました、　ありります

戦争

北川冬彦

義眼の中にダイヤモンドを入れて貰ったとて、何になろう。苔の生えた肋骨に勲章を懸けたとて、それが何になろう。

腸詰をぶら下げた巨大な頭を粉砕しなければならぬ。腸詰をぶら下げた巨大な頭は粉砕しなければならぬ。

その骨灰を掌の上でタンポポのように吹き飛ばすのは、いつの日であろう。

＊北川冬彦（きたがわ・ふゆひこ）　一九〇〇（明治33）年、滋賀県大津市生まれ。小学一年生の頃、満洲に渡る。東京帝国大学法学部仏法科卒。東京帝国大学文学部仏文科中退。一九二四（大正13）年、安西冬衛と『亜』を創刊。一九二八（昭和3）年には春山行夫らと『詩と詩論』、一九三〇（昭和5）年には三好達治らと『詩・現実』を創刊。戦後には、一九四六（昭和21）年に『現代詩』を創刊、一九五〇（昭和25）年に現代詩人会を設立した。詩集に、『三半規管喪失』（一九二五〈大正14〉年）、『戦争』（一九二九〈昭和4〉年）など。そのほか、マックス・ジャコブの散文詩集『骰子筒』等の訳詩集や映画評論などがある。一九九〇（平成2）年、89歳で死去。

戦争はよくない

武者小路実篤

俺は殺されることが
嫌いだから
人殺しに反対する、
従つて戦争に反対する、
自分の殺されることの
好きな人間、
自分の愛するものの
殺されることのすきな人間、
かかる人間のみ戦争を
讃美することが出来る、
その他の人間は

＊武者小路実篤
（むしゃのこうじ・さねあつ）一八八五（明治18）年、東京府麹町区（現・東京都千代田区）生まれ。東京帝国大学文科大学哲学科社会学専修中退。一九一〇（明治43）年、志賀直哉らと『白樺』を創刊。詩集に『雑三百六十五』（一九二〇〈大正9〉年）、『自撰　詩百篇』（一九二五〈大正14〉年）、『詩集』（一九三〇〈昭和5〉年）、『無車詩集』（一九四一〈昭和16〉年）、『歓喜』（一九四七〈昭和22〉年）、『人生の特急車の上で一人の老人』（一九六九〈昭和44〉年）がある。一九五一（昭和26）年、文化勲章

戦争に反対する。
他人は殺されてもいいと云ふ人間は
自分は殺されてもいいと云ふ人間だ、
人間が人間を殺していいと云ふことは
決してあり得ない。
だから自分は戦争に反対する。
戦争はよくないものだ。
このことを本当に知らないものよ、
お前は戦争で
殺されることを
甘受出来るか。
想像力のよわいものよ、
戦争はよしなくならないものにせよ、
俺は戦争に反対する。

受賞。一九七六（昭和51）年、90歳で死去。

戦争をよきものとは断じて思ふことは出来ない。

（二一、一〇、三一）

黄金分割

石原吉郎

重大な責任をとった
というときに
重大でない部分は
各自の責任に
移される
そこからかろうじて一歩を
踏み出さねばならぬ
われらをうごかしたのは
いわば運命であり
国家もまた運命である　だが
運命もまた

＊石原吉郎（いしはら・よしろう）
前出（↓82ページ）

信ずべきなにかである
だまされた　で
すむはずはない
信じ切った部分と
見捨てられた部分
もはや信じえない部分とを
詩人であるかぎり
整合しなければならないのだ
黄金の分割のために

灰燼

丸山 薫

全市が火につつまれたとき
遠ざかりゆく爆音の下で
はげしくD教授のこころを噛んだものは
英文学をめぐる 夥《おびただ》しい愛書の安否であつた
一夜にして家を失ひ　炎に追はれて
カラァもカフスも焦《こが》しながら
余燼《よじん》をくぐつて氏の足は大学へとんだ

学内の建物はところどころ焼け落ち
並木の緑からまだ煙を噴いてゐた
だが荒廃を跨《また》いで　一歩　壕《ほり》にふみ入つたとき

＊丸山 薫（まるやま・かおる）一八九九（明治32）年、大分県大分市生まれ。東京帝国大学国文科中退。京都の旧制第三高在学中、三好達治、梶井基次郎と知り合い、文学に関心を寄せる。『詩と詩論』や『詩・現実』などの詩誌に作品を寄稿。一九三二（昭和7）年に第一詩集『帆・ランプ・鷗』を刊行。一九三四（昭和9）年には堀辰雄、三好達治とともに第二次『四季』を創刊。戦後、愛知大学の教員をつとめながら、文学活動をつづける。一九七四（昭和49）年、75歳で死去。

なんといふ荘厳が氏の胸を打つたらう
万巻の書籍は昨日にかはりなく
整然と書架に立ち列んでゐる——
教授は歓喜した
思はずその一冊に触れようとした

とたんに音もなく
それらは灰となつて崩れた

エド&ユキコ

吉野　弘

米兵エドは死んだ。
ベトナムの空で。
操縦桿を握ったまま。

死ぬ前に
エドが
基地岩国の
ユキコさんに宛てた
いくつかの手紙。

その手紙が

＊吉野　弘（よしの・ひろし）
前出（↓72ページ）

ＴＯＫＹＯのテレビの
モーニングショー・スタジオで
司会者に読まれていた。

「気違いになるほど君が好きだ。
また、きっと君のところへ帰る。」

ユキコさんの後姿が
横からゆっくり
テレビの画面に入ってきた。

――司会者がユキコさんに聞いた。
エドさんはやさしかったんでしょう？

ええ、でもケンカもしました。

どんなことで？

彼は、仕合せのためには、カネなんか要らない、というんです。わたしは、カネも要るっていって、それでケンカになるんです。

——司会者は読んだ。

「お手紙とクッキーを有難う。
でもお手紙が一番嬉しかった。
今日は珍しく出撃しなかった。

一日、何もしないでいる日なんて、ほんとうに珍しいんだ。この間、電気冷蔵庫を買ったとき君は、子供のように喜んだね。この次ぎは、何を買おうか。」

——司会者が聞いた。

電気冷蔵庫の次ぎは、何をお買いになりました?

エドが帰ってこなかったのです。

——ユキコさんは両手で顔を覆った。

ユキコさんは、九人兄妹のまんなかで一家の柱だそうですね。毎月仕送りをなさっているわけですか？

ええ。

もし、よろしかったら、どれくらいか仰言っていただけませんか？

三万円ほど。

エドさんとのおつき合いは十ヵ月ぐらいでしたね？

ええ。

英語はもう大分お出来になるんでしょう？

いえ、ほんの少し。

でもお二人でお話するには充分なんですね？

ええ、でも英語など覚えなければよかった。言葉をよく知らなかったときのほうがかえって、気持が通じ合いました。

エドさんについての一番の思い出は？

わたしは嘘をついていました。
それが一番——
彼には家族がありましたし。

——カメラがユキコさんの口元をとらえた。
ふるえていた。

エドは死んだ。
ベトナムの空で。
操縦桿を
握ったまま。

サイゴンにて

鮎川信夫

埠頭に人かげはなく
ぼくらの船を迎えるものはなかった
夢にみたフランスの街が
東洋の名もない植民地の海にうかび
カミソリ自殺をとげた若い軍属の
白布につつまれた屍体が
ゆらゆらとハッチから担ぎ出されてゆく
これがぼくらのサイゴンだった
フランスの悩みは
かれら民衆の悩みだったが
ぼくら兵士の苦しみは

＊鮎川信夫（あゆかわ・のぶお）
前出（↓68ページ）

ぼくら祖国の苦しみだったろうか
三色旗をつけた巨船のうえにあるものは
戦いにやぶれた国の
かぎりなく澄んだ青空であった
多くの友が死に
さらに多くの友が死んでゆくとき
生あるものの皮膚の下を
いかにして黒い蛆虫が這いずってゆくかを
病める兵士たちは
声なくして新しい死者と語りあった
あかるい微風のなかに
若い魂を解放したカミソリの刃を
ぼくらの細い咽喉にあてたまま
担架をのせた小舟は
みどりの波をわけてゆっくり遠ざかっていった

香水——グッド・ラック

吉野　弘

五日間の休暇を終え
日本のテレビの画面から
ベトナムに帰るという
兵士に

グッド・ラック
司会者は
そう、餞けした

年は二十歳
恋人はまだいません

＊吉野　弘（よしの・ひろし）
前出（↓72ページ）

けわしい眉に微笑が走る
米国軍人・クラーク一等兵

司会者が聞いた
戦場に帰りたくないという気持が
少しはありますか

君が答えた
ありますが、コントロールしています
戦う心の拠りどころは
何ですか

――やはり、祖国の自由を守る
ということではないでしょうか

小柄で、眼が鋭い

細い線を曳いて迎えにくる一条の死
機敏に、避けよ、と

戦場は
君のわずかな贅肉をさらに殺《そ》ぎ
余分な脂肪と懐疑を抜きとり
筋肉を細く強く、しなやかにした

これだ
戦場の鍛えかたは

その戦場に帰ろうとする君の背に
グッド・ラック

祝福を与えようとして手に取り
——落として砕いてしまった
小さな高貴な香水瓶
の叫びのようだった言葉

グッド・ラック

なんて、ひどい生の破片、死の匂い
たちこめる強烈な匂いの中に

溶け入るよう
蒼白な画面に
君は
消えた

白い花

秋山 清

アッツの酷寒は
私らの想像のむこうにある。
アッツの悪天候は
私らの想像のさらにむこうにある。
ツンドラに
みじかい春がきて
草が萌え
ヒメエゾコザクラの花がさき
その五弁の白に見入って
妻と子や
故郷の思いを

＊秋山 清（あきやま・きよし）
一九〇四（明治38）年、福岡県北九州市生まれ。一九二四（大正13）年、詩誌『詩戦行』創刊に参加し、以後『バリケード』『黒色戦線』などに寄稿。一九三〇（昭和5）年、小野十三郎と『弾道』を創刊、戦時下には多くの抵抗詩を発表した。一九四六（昭和21）年、金子光晴、岡本潤、小野らと詩誌『コスモス』を創刊。一九六六（昭和41）年、戦時下の詩を集めた詩集『白い花』刊行した。詩作のほか日本のアナキズム運動の歴史を概観した『日本の反逆思想』（一九六〇年）などがある。一九八八（昭和63）年、84歳で死去。

君はひそめていた。
やがて十倍の敵に突入し
兵として
心のこりなくたたかいつくしたと
私はかたくそう思う。
君の名を誰もしらない。
私は十一月になって君のことを知った。
君の区民葬の日であった。

桔梗

金井　直

ぼくは匍匐《ほふく》していた　ぼくはぼくの外で
苦痛のようにのたうちまわっていた
なぜなら　ぼくは兵隊だったから　そして
ぼくの夏は死ぬかもしれなかったから
夏はぼくの肱のところで
水蜜の皮のようにむけた　なぜなら
匍匐していたから
夏はぼくの肱のところで
かさぶたのようにはがれた　なぜなら
匍匐していたから
夏はぼくの肱のところで

＊金井　直（かない・ちょく）　一九二六（大正15）年、東京府北豊島郡滝野川町（現・東京都北区）に生まれる。一九四九（昭和24）年に「詩学」研究会、翌一九五〇（昭和25）年に『零度』に参加。一九五三（昭和28）年、『金井直詩集』を刊行。詩集に、『飢渇』（一九五七〈昭和32〉年、H氏賞）、『無実の歌』（一九六三〈昭和38〉年、高村光太郎賞）。詩集のほか短編集、詩論書など多数の著作がある。一九九七（平成9）年、71歳で死去。

うんでいた　そして砂利がくいこんだ地面のように
夏はぼくの肱にくいこんでごつごつした　なぜなら
ぼくは匍匐していたから　そして夏は
ぼくの中でのたうちまわり
ぼくの傷口から血うみのように流れでていた
なぜなら　ぼくは死ぬことをそして殺すことを教えられた兵隊だったから
そして　ぼくは貧乏な　みじめな兵隊だった
だから夏は飢え　渇いていた
そして　ホームシックのない絶望のない夏だった
そして　ぼくはどこにもいなかった
なぜなら　世界は戦争だったから
そして　ぼくは疲労だった　疲労と眠気だった
だから　太陽も空もなかった
なぜなら　ぼくは匍匐だったから　匍匐そのものだったから

匍匐しながら一輪の桔梗をみつけた
みつけたのはぼくではなかった
なぜなら　ぼくは兵隊だったから　そしていつか
彼女にほほえみかけていた
ほほえみかけていたのもぼくではなかった
なぜなら　ぼくは兵隊であり　ぼくの夏は死にかかっていたから
そして　彼女にだまって別れた
別れたのは一人の兵隊だった
なぜなら　戦争だったから
けれども　彼女を忘れないぼく
死なない彼女の夏　戦争のない夏
彼女の太陽　彼女の空を持っているのはぼく
兵隊ではないぼくだった

いちど視たもの

――一九五五年八月十五日のために――

茨木のり子

いちど視《み》たものを忘れないでいよう

パリの女はくされていて
凱旋門《がいせんもん》をくぐったドイツの兵士に
ミモザの花　すみれの花を
雨とふらせたのです……
小学校の校庭で
わたしたちは習ったけれど
快晴の日に視たものは
強かったパリの魂！

*茨木のり子（いばらぎ・のりこ）
前出（↓17ページ）

いちど視たものを忘れないでいよう

支那はおおよそつまらない
教師は大胆に東洋史をまたいで過ぎた
霞《かす》む大地　霞む大河
ばかな民族がうごめいていると
海の異様にうねる日に
わたしたちの視たものは
廻り舞台の鮮やかさで
あらわれてきた中国の姿！

いちど視たものを忘れないでいよう

日本の女は海のりりしさ

恥のためには舌をも噛《か》むと
蓋《ふた》をあければ失せていた古墳の冠
ああ　かつてそんなものもあったろうか
戦おわってある時
東北の農夫が英国の捕虜たちに
やさしかったことが　ふっと
明るみに出たりした

すべては動くものであり
すべては深い翳《かげ》をもち
なにひとつ信じてしまってはならないのであり
がらくたの中におそるべきカラットの宝石が埋れ
歴史は視るに価するなにものかであった

夏草しげる焼跡にしゃがみ
若かったわたくしは
ひとつの眼球をひろった
遠近法の測定たしかな
つめたく　さわやかな！

たったひとつの獲得品
日とともに悟る
この武器はすばらしく高価についた武器
舌なめずりして私は生きよう！

ヒロシマ

上林猷夫

三十年ぶりでヒロシマに降りた
私は小学二年だった
家の前の広い練兵場に
二階の屋根すれすれに複葉機が飛んできた
私はひとり権現山で椎の実を拾っていた
蒸気機関車が好きだった伯父は運転士になり
駅の踏切に立っている幼い私の前で
いつも黒煙を高く上げ
大動輪の間から
思い切り白い霧を噴き出してくれた
私は交番で昔の家の方角を尋ねたが

＊**上林猷夫**（かんばやし・みちお）一九一四（大正３）年、北海道札幌市生まれ。同志社高等商業学校卒。『日本詩壇』同人。一九四二（昭和17）年、第一詩集『音楽に就いて』刊行。戦後創刊された『日本未来派』創刊同人。『都市幻想』（一九五二〈昭和27〉年）でH氏賞受賞。日本現代詩人会の理事長・会長を歴任、名誉会員・先達詩人。日本ペンクラブ名誉会員。二〇〇一（平成13）年、87歳で死去。

――私はまだ生れていないので、と
その警官は言った
私は元安川の方へ歩いた
修復された原爆ドームは
鉄柵がめぐらしてあった
羽根の青い鳩が三羽
囲われているようにのんびり歩いていた
さかえばしを渡った小学校の門は
たしかに幟町《のぼりちょう》と読めた
私は一年間ここに通っていたのだ
あの時の同級生はどうしたろう
市民たちはわけも分らずに
瞬時に原子爆弾の犠牲になったのだ
本《ほん》川の桜堤は満開だった

あの美しい花びらの一つ一つには
きっと無数の霊魂が群がっているのだ

挨拶

――原爆の写真によせて

石垣りん

あ、
この焼けただれた顔は
一九四五年八月六日
その時広島にいた人
二五万の焼けただれのひとつ

すでに此の世にないもの

とはいえ

友よ

＊石垣りん（いしがき・りん）一九二〇（大正9）年、東京市赤坂（現・東京都港区赤坂）生まれ。一九三八（昭和13）年、女性詩人の活躍の場となる雑誌『断層』を発刊（一九四三〈昭和18〉年まで刊行）。戦前より日本興業銀行に勤め、戦後は銀行の機関誌などにも作品を発表する。一九五九（昭和34）年、第一詩集『私の前にある鍋とお釜と燃える火と』を刊行。一九六八（昭和43）年『表札など』でH氏賞を受賞。また、詩のほかに『ユーモアの鎖国』（一九七三〈昭和48〉年）、『焔に手をかざして』（一九八〇〈昭和55〉年）などの

向き合つた互の顔を
も一度見直そう
戦火の跡もとどめぬ
すこやかな今日の顔
すがすがしい朝の顔を

その顔の中に明日の表情をさがすとき
私はりつぜんとするのだ

地球が原爆を数百個所持して
生と死のきわどい淵を歩くとき
なぜそんなにも安らかに
あなたは美しいのか

エッセイ集がある。二〇〇四（平成16）年、84歳で死去。

しずかに耳を澄ませ
何かが近づいてきはしないか
見きわめなければならないものは目の前に
えり分けなければならないものは
手の中にある
午前八時一五分は
毎朝やってくる

一九四五年八月六日の朝
一瞬にして死んだ二五万人の人すべて
いま在る
あなたの如く　私の如く
やすらかに　美しく　油断していた。

（一九五二・八）

爆心地の碑

伊藤信吉

ここにめぐる歳月の記憶は、
春、秋でない
冬でない
永劫の夏だ。
爆心地・長崎市松山町。三角石碑がほっそりと立っている。
碑石にはめた銅板文字は〈原子爆弾落下中心地〉である。
掌を当てれば黒ミカゲはほのかな陽のぬくもりである。
傍らの銘文に眼を移せば
死者七三、八〇〇、負傷者七六、七〇〇の記録である。

＊伊藤信吉（いとう・しんきち）一九〇六（明治39）年、群馬県元総社村（現・前橋市）生まれ。同郷の萩原朔太郎に師事。戦前にプロレタリア文学運動に一時参加。評論家としても活躍。萩原朔太郎や室生犀星等の個人全集や『現代日本詩人全集』の編集に関わる。詩集に『故郷』（一九三三〈昭和8〉年）、『上州』（一九七六〈昭和51〉年）、『望郷蛮歌　風や天』（一九七九〈昭和54〉年、芸術選奨文部大臣賞）、『老世紀界隈で』（二〇〇一〈平成13〉年、詩歌文学館賞）など。評論に『現代詩の鑑賞』（上下巻、一九五二〈昭和27〉年）、『ユー

焼失家屋一一、五〇〇、全壊大破家屋六、八〇〇の記録である。
周辺二・五キロ地域壊滅の一九四五年八月九日の死地の記録である。

結びの一句は
〈その惨状は筆舌に尽し難い〉である。
飾りことばの少い
この銘文を
黙示聖言のごとく読む。

悲しく眼をあげれば、
罪なく声なく殺された人々の
灼けた墓銘が
夏雲の涯てに
幻のごとく浮かぶ。

トピア紀行』（一九七三〈昭和48〉年、平林たい子文学賞）、『萩原朔太郎』（全2巻、一九七六〈昭和51〉年、読売文学賞）など。一九九九（平成11）年、日本芸術院恩賜賞を受賞。二〇〇二（平成14）年、95歳で死去。

はじめに形ばかりの標識を、
次に矢印のついた標識を、
その次に木製標識を、
その次にまた黒ミカゲ三角碑を。
〈原子爆弾落下中心地〉を示す標識は四度びほど建て変ったが、

その位置は変らぬ。
被爆者すべての肉体と心に刻まれた
爆心地は変らぬ。
人間襤褸の爆心地。人間無視の爆心地。人類惨劇の爆心地。
その位置は
変らぬ。

木立ちを透かして
間近い辺りに
浦上天主堂遺壁が見える。
壁上にザベリヨと使途の石像が見える。
砕かれた聖堂の残骸を組立てたその保存遺壁塔が見える。

傾きはじめた陽に
やや離れて見返えせば、
三角石碑は逆光におおわれ
古代エジプト神殿・オベリスクに似た姿で立っている。

（詩集『上州』に収録）

コレガ人間ナノデス

原　民喜

コレガ人間ナノデス
原子爆弾ニ依ル変化ヲゴラン下サイ
肉体ガ恐ロシク膨張シ
男モ女モスベテ一ツノ型ニカヘル
オオ　ソノ真黒焦ゲノ滅茶苦茶ノ
爛レタ顔ノムクンダ唇カラ洩レテ来ル声ハ
「助ケテ下サイ」
ト　カ細イ　静カナ言葉
コレガ　コレガ人間ナノデス
人間ノ顔ナノデス

＊原　民喜（はら・たみき）
一九〇五（明治38）年、広島市に生まれる。慶応義塾大学英文科卒。中学時代から室生犀星の作品と外国文学に親しみ、詩と短編小説を書き始める。一九三五（昭和10）年、掌編小説集『焔』を出版し、実りの多い創作時期に入る。一九四四（昭和19）年、広島に帰郷、翌年の夏に被爆。終戦後、「夏の花」や「廃墟」等、被爆経験から題材を得た作品を書く。一九五一（昭和26）年、46歳で鉄道自殺。

灰が降る

三好達治

灰が降る灰が降る
成層圏から灰が降る
灰が降る灰が降る
世界一列灰が降る
北極熊もペンギンも
椰子も菫も鷲も
知らぬが仏でゐるうちに
世界一列店《たな》だてだ

＊三好達治（みよし・たつじ）
前出（↓139ページ）

一つの胡桃《くるみ》をわけあつて
彼らが何をするだらう

死の総計の灰をまく
とんだ花咲爺さんだ

蛍いつぴき飛ぶでなく
いつそさつぱりするだろか

学校といふ学校が
それから休みになるだらう

銀行の窓こじあける
ギャングもゐなくなるだらう

それから六千五百年
地球はぐつすり寝るだらう
それから六万五千年
それでも地球は寝てるだらう
小さな胡桃をとりあつて
彼らが何をしただらう
お月さまが
囁いた
昔々あの星に
利巧は猿が住んでゐた

詩人の涙

藤井貞和

四五年間、核を阻止しえたのだから、平和憲法さ、
と思想家が、死の灰を湿潤地帯から掘り出して言う、
これを新しい燃料にして、思想にすべえ、
なあ、えせ詩人、えせ詩をかけえ

思想家が言う、なあ、えせ詩人、えせ詩をかけえ

（一九九一・二・一一）

＊藤井貞和（ふじい・さだかず）一九四二（昭和17）年、東京都生まれ。東京大学文学部卒。一九七二（昭和47）年、第一詩集『地名は地面へ帰れ』を刊行。詩集に『ことばのつえ、ことばのつえ』（二〇〇二〈平成14〉年、歴程賞、高見順賞）、『神の子犬』（二〇〇六〈平成18〉年、現代詩花椿賞、現代詩人賞）、『春楡の木』（二〇一二〈平成24〉年、鮎川信夫賞、芸術選奨文部科学大臣賞）など。国文学研究者（東京大学名誉教授）としての研究書や評論も多数、『源氏物語論』（二〇〇〇一〈平成13〉年）で角川源義賞を受賞。

鳩の歌

大島博光

わたしは鳩だから　どこへでも飛んでゆく
風のように　世界じゅう　飛びまわっている
わたしの巣立った巣は　ヒロシマ　ナガサキ
ゲルニカ　アウシュヴィッツ　オラドゥール
わたしはそこで焼かれて　灰のなかから
不死鳥のように　また　生まれてきたのだ
そこで焼かれた人たちが　血と涙の中から
仰ぎ見た　あの空の虹が　わたしなのだ

＊**大島博光**（おおしま・はっこう）一九一〇（明治43）年、長野県松代町生まれ。早稲田大学文学部仏文科卒。西條八十に師事、詩誌『蠟人形』の編集に携わる。戦後は新しい詩の活動に参加した。翻訳では、ルイ・アラゴンの『フランスの起床ラッパ』（一九五一〈昭和26〉年）、パブロ・ネルーダなどの訳詩集を刊行している。一九六二（昭和37）年、詩人会議の創立に参加。民主主義文学運動でも活躍した。二〇〇六〈平成18〉年、95歳で死去。

わたしは大きな不幸の中から生まれてきたから
わたしのほんとうの名は　幸福《しあわせ》というのだ

わたしの名を呼んでいるところ　どこへでも
わたしは三つ葉の小枝を咬《くわ》えて　飛んでゆく

赤ん坊に乳をふくませている母親の胸のなか
新しい朝を迎えた　若い恋人たちのところへ

ごらんなさい　ボンで　ローマで　ロンドンで
うねっているわたしの波を　「人間の鎖」を

地獄の敷居にすっくと立って叫んでる人たちを

白いミサイルも赤いミサイルも　まっぴらだ

この地球がまるごと　ヒロシマのように
焼かれて　殺されて　瓦礫とならぬように

どんな毒矢も　わたしを撃ち落せはしない
わたしは生そのもの　人類そのものだから

どんな絶望もわたしの翼を折ることはできない
わたしは　大きな死と闘うためにやって来た

わたしの　またの名を　希望というのだ
わたしは大きな春と未来のためにやって来たのだから

（一九八三年十二月）

エッセイ

共に闘《たたか》う親友のように詩を傍《かたわ》らに

和合亮一

きみはいま、何と闘っているのだろうか。

その拳は、本当に闘う意味のあるものへと向けられているだろうか。

＊

僕はある時から、みんなと同じであることに満足が出来なくなってしまった。

同じく制服を着て、同じく机を並べて、同じく呼吸をして、前を向いて…、そんな単純な学校生活に我慢がならなくなってしまった。

幼い頃から、ずっと続けていた剣道を止めてしまったことが原因の一つだったのかもしれない。あんなに竹刀を打ち合って、体をぶつけ合っていたのに、力をふるう場所が無くなってしまった。竹刀が相手に瞬時に入って決まった時の勝ち、あるいは呆気《あっけ》にとられたように見事に面を決められた時の負け。毎日のようにあった勝ち負けが、消えてしまった。僕は辞めてしまったことを初めて後悔した。

気の抜けたような日々に手応えのなさを感じて、胸をかきむしりたくなったり、叫び出しそうになったりしている瞬間がよくやってきた。

今の暮らしに生きている実感はあるのだろうか。ただやみくもに人生をやり過ごしていくだけなのか。抜け殻のような状態になってしまった。僕は明らかに闘いのスリルを求めていた。少なくとも自分を懸けることのできる何かを。

僕は何をしたのか。ただ走ることにした。家に戻るとすぐにジャージに着替えて、熱心に駆けた。初めは神社のあたりまで、しだいに峠のあたりまで、そして、近くの小学校の校庭まで、ぐるりと回った。気づけば一時間から二時間ほどのランニングとなった。風と雨が強くても、たとえ雪が降っていても、走りたければ走った。

走らずにはいられなかった。そして家に戻るとくたびれ果てて、好きな音楽を聴きながら、ベッドで眠ってしまうのだ。何か毎日が燃え残っている感じがいつもあったが、体が疲れているとそれなりに落ち着いたものだった。そしてこんなふうに考えるようになった。これは次なる新しい闘いの準備である、と。

ある日は、すがるようにして本を開いていた。

何冊もずっと読み続けていた。

エネルギーのぶつけようがなかった。どうしたらいいものか、分からなくなった。

読む速度をあげた。あまりにも早くて、内容など頭の中にとっくに入っていなかった。

それでも次から次へと目には文字が飛び込んできた。

頬を一筋の冷たいものが流れた。

やがて僕は泣いているらしいことに気づいた。

今はまだ闘う術《すべ》を持つことはできないけれど読み終えた、あるいはこれから開こうとしているたくさんの本の先の向こうに、未知の相手がいるような心地がした。

文学をやってみようかな、と若い心は呟いたのであった。

この時、走ることで得た新しい力が、全身と心にみなぎっていることが分かった。


いくつかの季節はただ過ぎていった。

やがて大学生となり、詩と出会った。それはふとしたことから手にした萩原朔太郎から始まった。凄まじい勢いで僕は図書館に出かけては、高村光太郎、宮沢賢治、中原中也、アルチュール・ランボーなどの詩集を読み、同時にたくさんの現代詩も読んだ。

次第に読むだけでは飽き足らない何かが胸の中を渦巻くようになった。無性に詩を書いてみたいと思った。いくつかをノートに書き殴るようにして綴《つづ》り、それをまた直した。夜を明かした日も、しばしばあった。

夜を徹して綴ったものを誰かに手渡したいと思った。

誰にでもいい、受け止めてほしい。それで初めて詩になっていくと直感した。

しかしどうすればいいものだろうか。

まずはアルバイトをしてワープロを購入した。清書したものをプリントアウトして、輪転機《りんてんき》にかけて五〇〇枚ほど印刷した。紙の束が出来た。それをキャンパスへと向かう駅の階段で、サークルの勧誘などでビラを配る他の人たちに混ざって渡すことにした。

今思えば、我ながら驚いた行動に出たものであったが、この時はとにかく必死であった。配り終えて一限目の授業に出るべく、キャンパスへと急いで向かっていくと、詩の紙片が道の途中でたくさん捨てられてあった。中には靴の跡がついたり、破かれているものも発見した。僕はそれを拾えるだけ拾った。

今までに味わったことのない敗北感だった。この時の悔しさは、詩を書き続けてもうすぐ三〇年になるけれども、変わらずに自分の胸の中にしまってある。

皺《しわ》くちゃになった、自分の詩を握りしめて、いつか捨てられない詩を書いてやろう、そんなふうに闘志を抱いたのを昨日のことのように思い出す。

しかし、それからすぐに何かが逆転したわけではなかった。

やがて大学を卒業して社会人になった。

学生の頃と比べて自由な時間がなくなってしまった。

ある日、深夜に詩を書き続けていて、すっかりと書きあぐねてしまった。

分からなくなり、ただ机の向こうの白い壁を見つめていた。

ずっと見つめていても、ますます分からなくなった。

なぜこんなにも自分は詩にとり憑かれるようになってしまっているんだろう。

そして、どうしていくら力をこめても、一向に先が見えないのだろう。

僕はなぜこの時代に生まれて、ここでこうしているのだろう。

明日も朝早くから仕事なのに、少しでも早く休まなくてはいけないのに、どうして心と体は興奮して止まらないんだろう。

僕の人生はどうなってしまうんだろう。

壁を見つめていると、あまりにも冷たい平面が、たちはだかっていることにあらためて気づいた。

やがて、この詩の意味がようやく分かった。

詩で独占と戦おうと思うな
詩が防衛の手段であると思うな

詩が攻撃の武器であると思うな
なぜなら
詩は万人の私有
詩は血と汗のもの　個人のリズム
万人が個人の労働で実現しようとしているもの
詩は十月の午後
詩は一本の草　一つの石
詩は家
詩は子どもの玩具
詩は　表現を変えるなら　人間の魂　名づけがたい物質　必敗の歴史なのだ
いかなる条件
いかなる時と場合といえども
詩は手段とはならぬ
君　間違えるな。

（田村隆一「西武園所感」より）

僕は何かひどい思い違いをずっとしていたようである。

自分の思いを誰かに受け止めてほしいと思うあまり、詩をそのための武器のようなものとして扱ってしまっていた。

だからいつまでも冷たい平面としてしか、たちはだかる壁のようなものとしてしか、眼の前の世界は広がらなかったのではあるまいか。

その先にあるのは詩ではなかったのだ。

僕の視野に、本当の深みと奥行きはなかった。

新しい気持ちでもう一度、白い紙に向かってみようと思った。

自分にとって大切なものを守る為に。

「人間の魂」を。

詩を書く魂そのものを。

今もずっと、この時の気持ちを大切にしている。

最近になって、「魂」を深く教えてもらった出来事があった。

＊

昨年の春の熊本の震災から、一年が経った本年の四月に、被害がひどかった益城町《ましきまち》や南阿蘇村などへと出かけた。

すっかりと整理されている地域と、被害がまだ残っている場所とがあった。例えば土砂崩れにより、住宅地がのみこまれてしまった高野台団地の周辺は、いまもなお土砂に流された家屋の姿があった。生々しく感じた。

福島の津波による被害の風景を思い出してしまった。土砂も波も同じだ、と分かった。

阿蘇大橋のあった黒川方面へと向かった。かつてここには熊本で最も大きな橋が架けられていた。

地震の直後、この橋を車で通行していた男性（大学生、二〇歳）がいた。

橋が陥落してしまった。運転していた彼はその車ごと、谷底へと無念にも消えていってしまった。

多数の人手による捜索活動が続けられたが、余震なども続き、二次災害が懸念された。やがて一か月ほど続けられた後に、打ち切りにせざるを得なくなってしまった。


しかし、ご両親はあきらめなかった。

必ずこの谷底のどこかにいるに違いない。

たった二人で休むことなく捜し続けていった。

熱心なその姿に動かされるようにして、再び捜索隊も活動を再開し始めることとなった。

そして地震からおよそ四か月後の八月の岸辺で、息子さんのご遺体と車がついに発見された。


その場所を見下ろす高さにある、橋の入り口があった丘に僕がたどりついた時、大粒の丸い玉のようなものが降ってきた。このような雨がこの辺りでは多いらしい。

それを傘で受けながら、深い谷底をのぞきこんだ。

想像していたよりも、険しい渓谷である。強い雨の滴が谷の底の岩を洗い続けていて、その間を川の水が唸るように激しく流れ込んでくる。

捜索が一度打ち切りになった後も、父と母はこの急な岸壁を、ロープとはしごを渡らせて降りていったそうである。

来る日も来る日も、この谷のどこかに息子があると信じて。

どんな気持ちで、急な斜面を降りたのだろう。

いつまでも見つからずに、どんな心で崖や岸を歩いたのだろう。

無言で交わした約束を何度も呟いたのだろう。

たった二人になっても、それでもあきらめなかった。

我が子との絆を守るための切なる一念だったに違いない。

深い谷の姿を眺めながら、魂のつながりを感じた。

ご冥福をお祈りしたい。

*

きみはいま、何かと闘っているのだろうか。

拳をかざそうとするとき、きみの背中を後ろから押すものがある。

それは何か。

泉のようにやまない情熱だ。

熱い炎を背負い、本当に闘いたいものと、思う存分に向き合いたまえ。

そのために、いつも詩を傍らに。

共に闘う親友のように、隣に置いておくのがいい。

編者紹介

和合亮一（わごう・りょういち）

1968（昭和43）年、福島市生まれ。現代詩人として活躍しつつ、国語教師として高校の教壇に立つ。1998（平成10）年、第1詩集『After』で第4回中原中也賞受賞。2006（平成18）年、第4詩集『地球頭脳詩篇』で第47回晩翠賞受賞。2011（平成23）年3月11日の東日本大震災以降、ツイッター上で詩を投稿、『詩の礫』『詩ノ黙礼』『詩の邂逅』を3冊同時刊行する。これらの作品は「つぶてソング」「貝殻のうた」他、楽曲にもなった。近年刊行の詩集に、『廃炉詩篇』（思潮社、2013年）、『木にたずねよ』（明石書店、2015年）、『昨日ヨリモ優シクナリタイ』（徳間書店、2016年）、『QQQ』（思潮社、2018年）がある。
2017（平成29）年、フランスで仏語訳『詩の礫』が、第1回ニュンク・レビュー・ポエトリー賞に選ばれる。2019年（令和元年）に、詩集、『QQQ』にて第27回萩原朔太郎賞を受賞。

大人になるまでに読みたい 15歳の詩⑤ たたかう

2017年12月20日　第1版第1刷発行　2021年8月25日　第2刷発行
［編者］和合亮一
［発行者］鈴木一行
［イラストレーション・装幀・カット］小椋芳子

［発行所］株式会社ゆまに書房
〒101-0047　東京都千代田区内神田2-7-6
tel. 03-5296-0491 / fax. 03-5296-0493
http://www.yumani.co.jp
［組版・印刷・製本］新灯印刷株式会社

ISBN978-4-8433-5215-1 C1392